Harry Mulisch

SELBSTPORTRÄT MIT TURBAN

Aus dem Niederländischen
von Ira Wilhelm

Rowohlt

Die Originalausgabe erschien unter dem Titel
»Zelfportret met Tulband«
bei Uitgeverij De Bezige Bij, Amsterdam 1961

Veröffentlicht im Rowohlt Taschenbuch Verlag
GmbH, Reinbek bei Hamburg, Oktober 1997
Lizenzausgabe mit Genehmigung des
Carl Hanser Verlags München Wien
Copyright © 1995 by
Carl Hanser Verlag München Wien
»Zelfportret met Tulband«
© Harry Mulisch
Umschlaggestaltung Beate Becker
(Rembrandt »Selbstbildnis vor der Staffelei« 1660;
Archiv für Kunst und Geschichte, Berlin)
Druck und Bindung Clausen & Bosse, Leck
Printed in Germany
1290-ISBN 3 499 13887 5

INHALT

Vorwort — 7

Methode — 11

ERSTES HEUTE (1930) — 14
Das absolute Leben — 19

ZWEITES HEUTE (1936) — 27
Ein beliebiger Satz — 33

DRITTES HEUTE (1938) — 39
Die Gestalt der Technik — 48

VIERTES HEUTE (1944) — 61
Skizze einer Einleitung — 81

FÜNFTES HEUTE (1946) — 89
Vergangenheit und Geschichte — 109

SECHSTES HEUTE (1951) — 116
Hermes erfüllt — 127

SIEBENTES HEUTE (1957) — 134
Ein nicht empfangener Brief — 153

ACHTES HEUTE (1958) — 163
Eine vorletzte Theorie — 181

NEUNTES HEUTE
FÜR ALLE ZEIT (1960) — 184

Vorwort über die 32 Zeichen der Buddhanatur

Ich war achtzehn, als es an der Tür läutete.

Es war an einem Abend und ich lümmelte bei Jan D. herum, einem »Psychologen«, der mit seiner Freundin bei mir zur Untermiete wohnte. Wie es kam, daß ich in einem so lieblichen Alter schon Zimmer vermietete, und wer Jan D. war, wird sich im Fortgang dieses Buches offenbaren, das dem literaturliebenden Leser hiermit ehrerbietig vorgelegt wird. Eine von D.'s Eigenarten bestand darin, daß er Tag und Nacht eine Aktentasche bei sich trug: Wenn er schlief, lag das Ding unter seinem Kissen, mit der Tasche ging er sogar aufs Klosett. In ihr befanden sich seine Gedichte und zwei Pistolen. Die Gedichte begannen fast durchweg mit dem Vers »Neulich stand ich vor dem Fenster«, und die Pistolen waren geladen. Er behauptete, sie noch aus seiner »Zeit im Widerstand« zu haben (es war 1945); in Wahrheit hatte er nicht alle Tassen im Schrank. Ich aber kam ganz nett mit ihm aus. Mein damals schon stark entwickelter Kunstsinn hatte mich einige Monate zuvor dazu verleitet, eine riesige Mappe mit Bildern des Herrn Han van Meegeren aus der Stadtbibliothek zu entwenden; weil ich ebenfalls Gangster zu werden gedachte, war ich ein Bewunderer dieses Könners, der es fertiggebracht hatte, Göring persönlich einen echten Frans Hals und drei Vermeer abzuschwatzen und ihm dafür einen falschen unterzuschieben. Zwei Tage später kam D., den ich als meinen Freund von der Missetat in Kenntnis gesetzt hatte, aufgeregt in mein Zimmer und verkündete, er habe eben die Vision gehabt, daß ich am Nachmittag verhaftet werden würde. Als ich darauf die dämlichen Bilder von der Wand zu reißen begann, hielt er mich fest und sagte, es wäre doch besser, ich würde auf der Stelle die Flucht ergreifen. Bevor ich antworten konnte, läutete es an der Tür, und ich wurde in Gewahrsam genommen. Daß D. mich verpfiffen hatte, hielt ihn nicht davon ab, dem Gericht einen Brief zukommen zu lassen, in dem er ausführlich darlegte, was für ein Genie ich sei. Aus diesem Grund drängte er auf Milde. Während der Verhandlung verwies der Richter mit scharfen Worten auf das Schreiben, welches er zwischen Daumen und Zeigefinger in die Höhe hielt, und fragte mich sarkastisch, ob mir wohl bekannt sei, daß auf eine Million Menschen höchstens ein einziges Genie käme. Worauf ich – meiner Meinung nach mit einiger Berechtigung – anmerkte: »Sie können ruhig sagen, eins auf eine Generation.«

Mit dem Wort Genie wird oft viel zu bedenkenlos umgesprungen.

Unvergeßliche Tage! Aber zur Sache. Ich lümmelte also im Zimmer von Jan D. herum. Die Beine auf dem Tisch, ließ ich die Pistolen um meine Zeigefinger kreisen, hielt sie mir an die Hüften, steckte sie mir in die Hosentaschen – als es an der Tür läutete.

Ich ging sie öffnen, und auf der Schwelle im Dunkeln stand ein hochgewachsener Junge mit Adonisfigur, den ich von der Kneipe her flüchtig kannte. Ich war neidisch auf seine schöne Gestalt und auf die edlen Züge seines Gesichts, auf sein pomadisiertes schwarzes Haar: Was hatte er für einen ungerechten Vorsprung bei den Mädchen!

»Hallo!« sagte er. »Bist du Harry? Ich wollte dich sprechen.«

»Come in«, sagte ich (es war 1945).

»Nee, laß es uns hier erledigen. Oder gehen wir doch in den Garten.«

Zögernd folgte ich ihm in den Vorgarten. Im Dunkeln zwischen den Sträuchern stand noch eine zweite Gestalt.

»Was ist los?« fragte ich.

»Pack ihn!« rief die Gestalt, machte einen Satz und umklammerte mich von hinten.

»So!« rief Adonis. »Wir werden es dir abgewöhnen, mit so einer arroganten Fresse in die Kneipe zu kommen!« – und da hatte ich schon einen Kinnhaken weg.

Ich feuerte. Aus beiden Händen donnerten todbringende Geschosse hervor, und eine Sekunde lang dachte ich: schieße ich die beiden über den Haufen, war es Notwehr, – aber als ich im Licht der Straßenlaterne ihre fliehenden Rücken sah, schoß ich grell lachend die Magazine leer in die Luft, und in dem ganzen Lärm ging mir plötzlich auf: Ich bin mehr als er, denn er haßt mich, Adonis muß kommen, um mich zu schlagen!

Jahre später habe ich ihn in der Kneipe wiedergesehen: bitter um den Mund und völlig heruntergekommen.

Es war nicht das erste Mal, daß Unsicherheit und ungläubiger Ärger über meine Person Menschen zur willenlosen Beute ihrer selbst werden ließen. Die 32 Zeichen der Buddhanatur waren den Menschen schon früh erkennbar. Während meiner ganzen Jugend haben die Eltern meiner Freunde diese vor mir gewarnt: Als ich fünfzehn war, erzählte man sich, daß ich ein Mädchen geschwängert hätte, und mein Vater gab mir zwei Tage Hausarrest, *weil man so etwas von mir erzählte.* Von anderen Jungen, sagte er, würde man das nicht tun.

Es ist ein schwieriges, aber auserwähltes Los, kein anderer Junge zu sein. Wer ich jedoch war, zumindest ungefähr, lernte ich weniger aus meinem eigenen Verhalten als aus dem Verhalten der anderen mir gegenüber, wenn ich selbst gar nichts tat. Tu nichts und paß genau auf. Der Abgrund, der sich dann in den anderen öffnet, oder auch nicht, der bist du. Der nächtliche Kinnhaken... solcher Art sind die Zeichen, an denen man einen Dalai Lama erkennt. Er, der Ozeangleiche Lehrer, hätte gelebt und wäre gestorben wie jeder andere auch und von sich keinerlei Vorstellung gehabt, wenn nicht die *anderen,* grün vor Ärger, ihn erkannt hätten. Es sind *die Zeichen der anderen.*

An diese, denen ich so viel schuldig bin bei dieser Papstwahl, die Feinde auf den ersten Blick, die Kastraten mit ihrer mürrischen Moral, an die habe ich auch ein bißchen gedacht, als ich folgendes Buch zusammenstellte, das für meine Freunde eine Menge Anleitungen, Fingerzeige, Hinweise und Augenzwinkereien beinhaltet.

Und nun – der Fraß ist aufgetischt, ihr Herren Psychologen! Heute essen wir Menschenfleisch. Mahlzeit! Auf daß ihr euch den Magen nicht verderben mögt, Kannibalen mit eurer Vegetarierseele.

Amsterdam, 1960

Methode

Wer schreibt, bekommt auf vielerlei Weise mit der Zeit zu tun. Schreibt er einen Text über den Ketzer Tanchelin, der behauptete, daß Gott Tanchelin sei, dann hat er dabei mit der historischen Zeit zu tun: dem zwölften Jahrhundert; dann mit der Zeit seiner Erfahrungen, die er im Text verarbeitet; mit der Zeit, *in der* er am Text arbeitet; mit der Zeit *innerhalb* des Textes (der geschaffenen Zeit, der endgültigen Zeit, der Zeit als Nicht-Zeit, als *Ding*); und schließlich mit der Zeit, in der ein anderer den Text zur Kenntnis nehmen wird. Das sind fünf Zeiten, und damit kommt er durch, – fehlte nur eine davon, Leere, Stille der Welt würden unerträglich sein.

Eines Tages geschieht etwas – und in der Folge ist es geschehen. Das Geschehene lebt ohne Gestalt im Gedächtnis desjenigen fort, dem es widerfahren ist, wie auch in der Verwandlung, die in ihm dabei vorging. Das Gedächtnis, in dem die Zeit gefangen ist, eingeschlossen, eingekreist, summt wie ein Insektennest. Aber dann greift er eines zweiten Tages zu einem Blatt Papier und schreibt, ruft, läßt geschehen. Damit geschieht es dann für alle Zeit. Dann paaren sich beide Tage. *Zwischen ihnen ist Lust.* Sie sind ein- und derselbe Tag – zu Stein geworden.

Sollten sich jemals zwei Tage paaren, dann jener Tag im Jahre 1930, über den ich gleich schreiben werde, mit dem Tag des Jahres 1958, an dem ich schreibe: *heute*.

Die autobiographische Studie, die nun folgt, beruht auf einer Theorie, einem Einfall, einem Hirngespinst, und erhebt auf »Wahrheit« nur insofern Anspruch, als ich damit arbeiten kann. Es ist eine Arbeitshypothese, und sie lautet: Wer lange genug an seinem Leben geschnuppert hat, riecht schließlich einen Tag, der immer wiederkehrt. An diesem Tag geschieht stets das gleiche: in immer anderen Formen, mit immer anderen Kraftfeldern, Strukturen ist er die Umwandlung einer immergleichen Aktualität, die den Leibgeruch seines Lebens bildet. Das ist das HEUTE.

Alle übrigen Tage, Zehntausende, bleiben morgen oder gestern, auch wenn sie ›heute‹ sind. Es brauchen nicht die wichtigsten Tage eines Lebens zu sein, die Tage der großen Entscheidungen, Begegnungen, Geschehnisse; manchmal sind sie es, manchmal aber sind es Tage, die schon beinahe oder ganz in Vergessenheit geraten waren. Einmal als solches identifiziert, erhebt sich das HEUTE überall, in den abgelegensten Jahren, kenntlich an Zeichen und Gleichnissen, die nur der Mensch selbst erkennen kann. Er gibt ihnen Sinn und Zusammenhang, erst durch ihn werden sie zu Zeichen und Gleichnissen.

Deshalb wird dies keine Autobiographie werden, sondern eine Art kubistisches Selbstporträt – sich in der Zeit ausdehnen, wie das »pikturale« Porträt sich im Raum ausdehnt. Mein Gedächtnis ist der Spiegel, in den ich blicke, ohne die Umkehrung von rechts und links, aber zweifellos mit Veränderungen, von denen ich noch keine Ahnung habe, – und wie es auch ausgehen mag: ich selbst bin darauf am neugierigsten. Und sollte es nötig sein, werde ich das System auch verlassen, um weiterarbeiten zu können, ich werde variieren, differenzieren, einfügen, ausbauen, gröber machen, dabei Sand, Zement, Jute, Kies verwenden, ganz wie es mir zupaß kommt. Und wenn ich noch einmal irgendwann in Geldnot geraten sollte, was wenig wahrscheinlich ist, können Magnaten und Magistraten es sich bei mir auf der Couch bequem machen und sich für 25 000 Gulden ein Porträt schreiben lassen.

ERSTES HEUTE (1930)

Auf der dunklen Galerie, den Abgrund der Halle in meinem Rücken, hänge ich mich an die Türklinke, stoße die Tür zu Alices Schlafzimmer auf, und mit einem Sprung liegt mir das Sonnenlicht zu Füßen. Im Zimmerfeld, rechts das riesige Bett, über die Teppiche hinweg, die Pastellfarben, durch die Wärme hindurch, ich vorwärts, – wie war das nur auszuhalten? Auf bloßen Füßen durch das Licht watend, hinüber zum Podest am Fenster. Zwei große Dinge, zwei Gerüche, zwei mal zwei blaue Augen sitzen im Schlafanzug in der Sonne und schauen mich an. Zwischen den Vorhängen die fernen, hellen Häuser des Kontinents auf der anderen Seite der Straße. Baum. Auf allen vieren klettere ich die zwei Stufen des Erkers hinauf und stelle mich an den rosafarbenen Tisch. Werde angefaßt. Wird mein Haar gestreichelt. »*Werdewirdwortgewordenworte*« Hinter mir ist das Zimmer dunkel geworden. Ich drehe mich um. Im Dunkel tapst eine kleine schwarze Katze umher.

Und 1930 nimmt K.V.K., das blaueste, das duftendste Ding, einen langen Löffel aus Glas und gibt mir, wie auch 1931 und 1929 und in alle Ewigkeit, einen Löffel voll goldenem Licht, voll goldenem Honig.

»... der Harry kann doch welche holen.«
»Harry? Du bist wohl verrückt.«
»Er war doch oft genug mit im Laden.«
»Er soll wohl überfahren werden. Ruf bitte die Gertrud.«

»Hier, nimm doch eine Christo Cassimis.«

»Um Gotteswillen.«

»Was ist?« frage ich.

»Mama sagt, du bist zu klein, um Zigaretten zu holen.«

»Ja! Ja!«, schreie ich. Ich fange an zu schreien. »Ich Zigaretten holen.«

Ein Auftrag! Ich! Ich!

Alice lacht. K.V.K. beugt sich fröhlich zu mir herunter.

»Hör zu, Harry.« [Zu mir spricht er eine Sprache, die irgendwo zwischen dem Holländischen und dem Deutschen liegt. Er war ein Vater, der seinen Sohn nie ganz verstanden hat, nie richtig begriffen hat, worüber sein Sohn sprach, auch wenn der Sohn im Laufe der Zeit in seiner Sprache so vortrefflich geworden war, daß man es in den Schulen lehrte: *Kauderwelsch* hätte der Sohn besser lernen und darin vortrefflich werden sollen, dann hätte er sich ihm vielleicht verständlich machen können; so hat ihm das alles nur wenig genutzt.] »Weißt du, wo der Zigarettenladen ist?«

Ich nicke so heftig, daß es mich schüttelt.

»Pimpus«, sagt Alice vorwurfsvoll und lacht.

»Hör zu, Harry, Lucky Strike. Kannst du das behalten?«

Ich nicke.

»Gib ihm die leere Schachtel mit,« sagt Alice.

»Wieso? Er ist doch nicht dumm.« Und zu mir: »Sprich mir nach: *Lucky Strike*.«

»Lucky Strike.«

»Hier hast du einen Viertelgulden. Und nicht wieder verlieren, wie damals den Groschen.«

Ich schüttele den Kopf, ich weiß zwar nicht, welchen Groschen er meint, aber es ist mir egal! Zigaretten holen! Ich!

»Und paß auf. Da, wo das Trottoir so schmal ist, du weißt schon« – ich nicke – »da mußt du dich gut am Zaun festhalten.«

Und wie ich mich an diesem Zaun festhalte! Schritt für Schritt ins Weltall eingedrungen, und um die Ecke herum bin ich der Mensch. Von Gitterstab zu Gitterstab, scharfe Rostkrümel in meinen Händen, den Kopf keuchend zur Seite gedreht in Richtung der Autos, die von hinten an mir vorbeirasen, hangle ich mich wie ein Affe am Trottoir entlang, auf dem zwei wie ich nebeneinander hergehen könnten. Aber ohne absoluten Gehorsam würden die jubelnden Gefahren mich sofort verschlingen! Ich bin in der Welt, allein, und ich habe einen Auftrag: *Lucky Strike!* Licht und Geräusche und Asphalt stürmen auf mich ein, endlos nach allen Seiten die Wege und die Dinge, und da hindurch weiß ich meinen Weg zu finden. An mir soll es nicht liegen! Die Sonne hüpft wie ein Ball auf der Straße, die Bäume schlagen die Hände über ihren Köpfen zusammen, die Häuser stürzen vornüber und schreien!

»Papa! Papa! Papa!«

Rufend laufe ich über die Galerie, das harte, glatte Päckchen in meinen Händen.

Alice liegt im Bett.

»Wo ist Papa?«

Ich höre nicht, was sie sagt, gebe ihr das Päckchen und renne zur Tür von K.V.K.s Schlafzimmer.

»Papa!«

Rot, leer leuchtet mir das Zimmer entgegen, wie ein Ofen. Das rote, zerwühlte, leere Bett. Die roten, offenstehenden Türen des Kleiderschranks. Mit offenem Mund starre ich hinein.

»Papa ist nach Amsterdam gefahren«, sagt Alice. Sie zerknüllt das Zellophanpapier, stützt sich auf einen Ellenbogen und wirft es auf den dunklen Boden, wo die kleine Katze mit schiefen Sprüngen darüber herfällt. Sie zündet sich eine Zigarette an und sagt: »Zum Schießen.«

Ich renne aus dem Zimmer. Über die Galerie und die Treppen und die Teppiche jage ich durch die offenstehenden Türen in den Garten, wo die Bäume flattern wie Flaggen, Wolken sich türmen über der Pfirsichstocklaube, und zwischen den Sträuchern der weiße Schurz von Frieda, der Haushälterin. »Ich hab Zigaretten geholt.« Aus dem blauen Gras rennt Balda auf mich zu, und mit dem Dackel im Arm laufe ich wieder ins Haus zurück, die Treppen hinauf und hinab, und schreie zwischen den Schranktürmen Gertrud, dem Mädchen, entgegen, daß ich Zigaretten geholt habe, und rufe in der Küche Maas, dem Gärtner, zu: »Ich hab Zigaretten geholt! Für Papa!«

Keuchend falle ich in meinem Zimmer zwischen die Tiere auf den Boden. Mit klopfendem Herzen drücke ich meine Nase auf den Teppich. Selbst der Weber kennt den Teppich nicht so aus der Nähe wie ich: den kräftigen, muffigen, warmen Geruch, jede Faser ein Mann, Ocker, das zu Blau wird, ein Körnchen Sand. Mit dem Ohr auf dem Teppich betrachte ich die Tiere, die mitten auf dem Teppich übereinander liegen, auf der Seite, rücklings, das Unterste zuoberst, Affen, Hunde, Bären ... Wie still sie liegen.

Sanft scheint die Sonne durch die geschlossenen Fenster. Reglos liegen wir alle in der Wärme auf dem Teppich. Ich blinzele nicht mehr mit den Augen. Als Balda sein Kinn auf mein Bein legt, schließe ich sie für einen Moment und betrachte dann wieder die reglosen Puppen auf dem Teppich. Ich werde selbst zur Puppe. Es geschieht nichts; aber ich *denke* auch nicht mehr, daß nichts geschieht.

Das Zimmer verewigt sich. Mit Tapeten, Sonne, Puppen, Teppich, mir selbst und dem Dackel erscheint es in einem Raum, worin es noch fortleben wird, wenn meine Überreste sich schon längst aufgelöst haben werden in Erde, Feuer, Luft oder Wasser...

Als ich einschlief, war es nur für *mich* vorbei; und ich – ich träumte den ältesten Traum in meinem Gedächtnis:

...zu Fuß, reitend oder schwebend ziehe ich an einer dunklen Landschaft vorbei, rechts von mir, karg und flach bis an den Horizont, eine trübe Lüneburger Heide, die doch auch wieder mein Zimmer ist. Das dauert eine Weile. Dann komme ich nicht allmählich zu einer Lichtung, sondern stehe ganz plötzlich in ihr. Vor einer undurchdringlichen Blätterwand sitzt eine dicke Frau mit übereinandergeschlagenen Beinen auf dem Boden, das totschwarze Haar zu einem großen, strengen Knoten frisiert. Rechts von ihr liegt ein hoher Stapel zerrissener, zerknüllter, aufgeplatzter Päckchen Lucky Strike. Damit werde ich geschlagen. Jeden Tag schlägt man mir mit zwei Päckchen Lucky Strike auf den Rücken, – nicht aus irgendeinem Grunde, sondern einfach so. Ich trage nur eine Unterhose. Die Frau schaut mich an und tastet nach einem Päckchen ... aber dann trifft auf eine blitzschnelle, unerklärliche Weise eine neue Sendung Lucky Strike ein: harte, glänzende Päckchen, die äußerst schmerzhaft sind. Links von ihr liegen sie aufgeschüttet. Die Frau sieht, daß ich erschrecke. »Was ist dir lieber,« fragt sie, »erst mit einem weichen Päckchen, und dann mit einem harten, oder umgekehrt?« Sie ist keine Hexe, das alles tut ihr vielleicht sogar leid, auch wenn es nicht so aussieht. Ich überlege nicht lange:

»Erst mit einem harten.«

Das·absolute Leben

Träume sind nicht unser Eigentum. Sie kommen und gehen. Kurz nach dem Erwachen erinnern wir uns ihrer manchmal noch; ein paar Minuten später haben sie sich schon verabschiedet. Auch ein Traum, an den wir uns den ganzen Tag erinnern, weil wir ihn auswendig kennen, entzieht sich uns am Ende doch. Noch um die Mittagszeit erzählen wir ihn, uns jeder Einzelheit voll bewußt, und abends ist er entwischt, weil er sich in unserem Kopf auf andere Weise festgesetzt hatte als andere Lebenstatsachen: nicht wie ein Teil von uns selbst, nicht wie eine Tatsache, weniger zusammenhängend, weniger greifbar – wie ein Kräusel Zigarettenrauch, der zwar bereit ist, einige Zeit durch das reglose Zimmer zu schweben, doch alsbald zu einer Ellipse wird und dann zu einer 8, das Zeichen der Unendlichkeit, um schließlich unsichtbar zu werden, so daß jemand, der ins Zimmer tritt, nur noch riecht: »Hier ist geraucht worden.«

Die Träume, die wir für alle Zeit behalten, haben wir einer Wirklichkeit abgetrotzt, vor der wir auf der Hut sein müssen – abgetrotzt, so wie umgekehrt die Träume uns *unserer* Wirklichkeit abtrotzen, und so wie alles, was ich hier schreibe, wiederum dem Unbeschreiblichen abgetrotzt ist. Sie sind Rauchkräusel, die sich nicht auflösten, sondern stählern wurden und sich uns klirrend um die Handgelenke legten. Die Träume der vergangenen Nacht habe ich vergessen, – »hier ist geträumt worden« –, aber den Traum von vor achtundzwanzig Jahren habe ich noch so genau vor Augen, als ob ich soeben erwacht wäre!

Mich den Zaun entlanghangelnd – so wird die Welt niemals mehr sein, nur noch im Geschriebenen.

Der Mann, der jeden Morgen um 7 Uhr fluchend aufsteht, liest am Abend eine Geschichte über einen Mann, der jeden Morgen um 7 Uhr fluchend aufsteht, und Behagen macht sich in ihm breit. Als er auf den Gedanken kommt, den endlosen Sprung von der Geschichte in sein Leben zu wagen, schlägt er vor Erstaunen das Buch zu. Warum sollte er mit diesem Behagen nicht *leben* können? Doch wäre er wirklich so töricht, es ausprobieren zu wollen, so würde er am darauffolgenden Morgen nicht fluchend, sondern mit Behagen aufstehen, doch damit wieder anders als der Mann im Buch – denn er würde nicht fluchen.

Kunst läßt sich nicht nachleben. Mit dem Leben des Mannes im Buch hat es eine außergewöhnliche Bewandtnis: Es steht gedruckt, es wird gesehen. Es ist scharf, klar, unveränderlich wie ein Faustschlag auf den Tisch. Das Leben des Lebenden, des Lesers, des Schriftstellers, trudelt so vor sich hin, es geschieht einmal dies, es geschieht einmal das, und am Ende ist gar nichts geschehen. Ein Mord im Leben hat weniger Substanz als ein Händedruck in einer Geschichte. Der Leser mit dem glücklichsten Leben beneidet den Selbstmörder um sein niedergeschriebenes Elend. Denn es ist klarer als sein eigenes Glück, es ist gesagt und es ist gesehen worden. Darum denkt man sich Gott als den Unsichtbaren, der alles sieht.

Und scharf und klar ist auch das Leben des Mannes im Buch, weil es umgeben ist von der Nacht des Verschwiegenen. Es liegt geborgen im Unbekannten wie ein Edelstein im Erz. Flucht er, so denkt er nicht zur gleichen Zeit: Der Fußboden ist kalt, was für ein Geschmack in meinem Mund, müßte mit Rauchen aufhören, was für ein idiotischer Traum, muß einen Wind lassen, der verdammte Backenzahn tut wieder weh, und hunderterlei Getrudel mehr, – nein, flucht er, so hält die Welt den Atem an, in der Sahara stoppen die Karawanen, in Moskau die U-Bahnen und am Firmament die Planeten: Sein Fluch donnert durch ein erstarrtes Weltall. Und so verläuft sein Leben wie das Schicksal der Welt.

Leben wie gedruckt – wie tut man das? Man hat es getan.

Das Kind geht abends an der Hand seiner Mutter durch die drängend vollen, erleuchteten, aber auf eine geheimnisvolle Weise doch schwarzen Straßen der Stadt: Weil es ein Kind ist, werden seine Augen nur vom Licht angezogen, und was dazwischen ist, Mauern, Menschen, das bleibt schwarz. Gleißend helle, überquellende Schaufensterauslagen und in nächster Nähe huschende Mantelschatten, vielleicht regnet es ein wenig, es muß so um Nikolaus oder Weihnachten herum sein, Alice trägt einen Pelz und lacht, sie hat einen großen Hut auf...

Es durchströmt mich von Kopf bis Fuß. Mit großen Augen betrachte ich die Pferde, die schnaubend aus dem Dunkel auftauchen, die riesigen, ratternden Räder und die Kutscher hoch oben, die schwarzglänzenden Pflastersteine, die Menschenbeine, und auch das Dunkel zwischen den Kutschen und den Autos in der Ferne und in den Seitenstraßen, wo ich nichts mehr erkennen kann, sondern alles sich ins Unendliche fortsetzt: Licht, Lärm, Nacht, Bewegung... ich bin ganz außer Atem vor Aufregung, so sehr liebe ich diese Welt und alles, was sie für mich in petto hält. Es ist, als ob ich das Licht und die Luft und das Dunkel greifen und mit meinen Händen kneten könnte, als ob alles randvoll mit Möglichkeiten und ohne jede Gefahr sei, nein, es gibt keine Gefahr, alles hat Substanz, alles ist *satt* und von Kräften beseelt und alles sagt auf eine großartige Weise ja zu mir und nickt und winkt, und ich sage ja zurück, ja, ich komme, ich komme, und ich komme auf den Bahnhof, in den riesigen, pechschwarzen Raum voll grellster Lampen und Lichter, die nichts erhellen, von überall her ein Pfeifen und ein Dröhnen und ein Zischen fast unsichtbarer Lokomotiven, eine großartige Dampffontäne, und Menschengedränge überall, unzählige Beine neben mir, Lärmen von Hämmern und darüber die überlaute, unverständliche, schallende Stimme aus den Lautsprechern – es packt mich bei der Kehle, so daß ich mich vor lauter Aufregung übergeben könnte: Eine unbegreifliche, gigantische, neue Welt, die auf mich wartet!

Laßt mich Atem schöpfen. Es nahm ab, es ist vorbei. Manchmal überkommt es mich wieder, wenn ich bei Dämmerung in eine unbekannte Stadt hineinfahre, das erste Mal Paris, Bukarest, oder manchmal in meinen Träumen, oder wenn ich Fieber habe: Auch im Fieber liegt die Welt wie abgeschlossen hinter Vorhängen kochenden Wassers, und das Rascheln einer Zeitung stürzt sich wie ein Raubvogel durchs Zimmer; denke ich zurück an meine früheste Kindheit, spüre ich Fieber. Ansonsten *erinnere* ich mich nur noch: Wenn ich an einem Winterabend durch die Stadt wandle und auf einem Platz ein Kind sehe, das ein bißchen länger aufbleiben durfte und voller Ekstase um sich blickt. Dann weiß ich: Es ist nichts geschehen, es geschieht nichts, es ist Abend, Winter, und doch wird er für dieses Kind unvergeßlich bleiben. Sein ganzes Leben wird es nach einem solchen Abend und seinen Versprechungen zurückverlangen, dann, wenn sie es betrogen haben werden, indem sie sich erfüllten, wenn alles nein sagt und auch das Kind nein sagt, wenn alles sich verflüchtigt hat, bekannt und gleichgültig geworden ist, und wenn es alles in seiner Leerheit und Kraftlosigkeit übersieht, alle Straßen kennt und am Ende hinter das Dunkel zu blicken vermag.

Es gibt kein erwachsenes Leben, das so absolut gelebt wird. Das werden nur solche Leben, über die man *lesen* kann: das Leben Al Capones, Churchills, Picassos, und doch sind für sie ihre Leben auch nicht anders, als das eines jeden für diesen selbst. Die Gefahren, die einen Raumfahrer bedrohen, erscheinen ihm nicht furchtbarer als die des Straßenverkehrs für sein Großmütterchen, nur seine Erwartungen sind größer. Die Konzentration, womit Napoleon sein Reich erbaute, unterschied sich für ihn nicht von der eines Lebensmittelhändlers, der sich sein Einzugsgebiet erschließt.

Unabdingbar für ein absolutes Leben ist das Umgebensein von absolut Unbekanntem. Und wer kein Kind mehr und noch nicht irrsinnig geworden ist, kann nur mit Hilfe eines Experimentes auf seinen Geschmack kommen, doch wird das absolut Unbekannte dann nicht mehr das Leben sein, wie bei einem Kind, sondern, bezeichnend genug, der Tod. Zutaten: 2 Teile Phantasie, 1 Teil Konzentration, eine Messerspitze Tod. Sich aufs Bett legen und vorstellen, man läge im Sterben. Nie mehr wird man sich nur unter Flüchen erheben, sich waschen und in eine Stadt hineinspazieren. Man bleibt liegen, bis der Sarg aus Eichenholz ins Zimmer getragen wird. Nach draußen kommt man niemals wieder. Und wenn der Tod den Geist vollkommen in Besitz genommen hat, erhebt man sich und geht hinaus. Euphorie wird herrschen, gewiß – und wenn nicht, so werden die Gesundbeter sagen, daß der Glaube nicht stark genug gewesen sei. Vielleicht wird es eine Minute währen: die Stadt, die Menschen, strahlend gebettet in den Tod. Doch wer sich diesem Experiment unterzieht, muß sich in acht nehmen, denn er ruft einen Gast herbei, der sich nicht lange bitten läßt. *Und der Tod, wenn er dann wirklich kommt, er wird sich leben lassen wie überhaupt nur irgendetwas Absolutes.*

Es gibt noch eine zweite Art, und das ist die Art der Irrsinnigen: sich selbst sehen, so wie man den Mann im Buch sieht. Sich selbst »lesen«. Nicht unähnlich dem Kind – das so sehr schaut, daß es in die

Dinge hineinkriecht –, in die Dinge hineinkriechen und sich selbst sehen. Fluchen und nicht fluchen, essen und nicht essen, arbeiten und nicht arbeiten, lieben und nicht lieben, sein und nicht sein... Dies aber gilt erst für das letzte Lehrjahr – nicht irrsinnig werden und irrsinnig werden.

Nein, vorläufig ist es besser, zu lesen. Und wenn das Heimweh groß genug ist, wird man schreiben: auf der Grenze von Tag und Nacht, in einem Fieber von Anwesend-Sein und Nichtanwesend-Sein, wo das Glück geboren wird und die Vorstellung, wie es ist, wieder in jener ungestümen, atemlosen Welt voller Versprechungen zu leben. Man wird schreiben, weil die Wirklichkeit nicht wirklich genug ist. Man wird schreiben, um einen Platz zu überqueren. Jeden Tag überquert man zehn Plätze, und doch ist es noch niemals geschehen – man schreibt, und da geschieht es: für alle Zeit. Wer es liebt, bis mittags im Bett zu liegen, der muß vor Tau und Tag aufstehen, um darüber zu schreiben. Der Mann im Buch lebt das absolute Leben, *er tut, was er tut*, von Geheimnissen umgeben.

Die Stellen meines Werks, die ich selbst am liebsten mag, sind aus diesem Grund nicht die spektakulären, wofür mich die Juroren lobpreisen, sondern die Stellen über das Öffnen einer Tür, das Ausatmen von Zigarettenrauch, das zufällige Hinaussehen aus einem Fenster. Der Rest, die Bücher als Ganzes sind unerträglich, weil sie für mich mit allem angefüllt sind, was sie hatten sein wollen, hätten sein können, mit allem, was ich mir dabei gedacht, was ich erfahren, getan habe, mit Tausenden von Ursachen und

Ursächelchen, aus denen sie entstanden sind, Algenschlieren, Gallert, aneinandergekleistert mit Kot und Erfahrungen, Enttäuschungen, Peinlichkeiten, Freude. Sie sind die Unterseite des Teppichs: Nie werde ich wissen, was der Leser auf der Vorderseite sieht. Aber es geht mir nicht darum, Bücher geschrieben zu haben, sondern darum, sie zu schreiben, – eine absolute Welt mit mir umherzutragen, gleichgültig welcher Art, gleichgültig, was in ihr geschieht.

Erst das Schreiben läßt mich leben.

ZWEITES HEUTE (1936)

So schnell ich kann, renne ich von der Schule nach Hause [– das zweite Haus. Von Nacht zu Nacht verfallen sie stärker in meinen Träumen: Das erste Haus, das zweite Haus, das dritte Haus und das vierte Haus – brechen zusammen, fallen auseinander, Zimmerdecken hängen im Treppenhaus, zwischen den Balken blinken die Sterne, durch die Zimmer huschen Ratten, wilde Schweine klettern grunzend die Treppen hinauf, Geier nagen an der rosafarbenen Decke meines Kinderbetts, und ich unterhalte mich mit ihnen; auch phantastische Ungeheuer zwischen Schlange und Fabellöwe; manchmal ist aus einem der Häuser plötzlich eine Blockhütte auf einer modrigen Heide geworden, am Ende alles bis auf die Grundmauern niedergerissen und ein anderes Haus errichtet, breit, häßlich, düster, in einem endlosen, hypermodernen Wohnkomplex...], zu frischen Brötchen mit Kaffee. Im Park hinter dem Schwimmbad scharre ich mit beiden Händen herabgefallene Blätter zusammen und drücke sie mir ins Gesicht. Sie sind verdorrt und hart, bitter: Ich beiße hinein!

Mit dem Dackel in meinen Armen sehe ich Frieda zu, wie sie schweigend einen halben Liter Kaffee in meinen Trinkbecher gießt, eine Zigarette zwischen den Lippen. Wegen einer Blutvergiftung, die sie sich beim Haarefärben zugezogen hat, ist die eine Hälfte ihres Gesichts monsterhaft angeschwollen.

»Mama nicht da?«

Ein japanisches Auge schaut mich aus dem Blumenkohl an.

»Erst die Hände waschen.«

»Ist Mama oben?« Ich greife nach dem Teller mit den Brötchen, dem Kaffee.

»Beim Papa. Bleib unten!«

»Ist Papa denn nicht in Amsterdam?«

»Frag nicht so viel.«

Ich setze mich zum Papagei ins Hinterzimmer. Über mir, in K.V.K.s Schlafzimmer, höre ich Stimmen. Kauend stecke ich einen Finger in den Käfig. Der Papagei rutscht leise krächzend auf seinem Stöckchen heran, richtet sich halb auf und klammert drei harte, mesozoische Finger um den meinen. Das bereitet mir ein seltsames Vergnügen. Bleich und leer liegt der Garten im Herbst. Kauend sehe ich hinaus, während der Papagei meinen Finger nicht mehr losläßt: Auf und nieder nickend fängt er an, mir zuzugurren, eifersüchtig springt der Hund an mir hoch.

Es ist Samstag. Auf der Treppe ruft Frieda nach mir, aber ich höre nicht hin. Den Hund vor mir laufe ich an den Türen von K.V.K.s und Alices Schlafzimmern vorbei und trete in das blaue Zimmer. Auf Alices Schreibtisch ist wieder ein riesiges Legepuzzle in Arbeit. Die rechte obere Ecke ist fertig: ein stilisierter, mit Bändern verzierter Stadtplan von Amsterdam, in der bekannten Form des Ostrea Vesicularis, eines Fossils aus der oberen Kreide, und gerade noch das Heck einer vorwärtsstürmenden DC 2: die Uiver natürlich. Überall verstreut liegen Fragmente aus zwei, drei, fünf Stücken. Plötzlich traurig geworden, wende ich mich ab.

Soll ich zum Flughafen Schiphol hinaus? Hundertmal bin ich mit meinem Fahrrad schon durch die sonnigen Polder zu der verschlungenen Zecke gefahren, der sich unterhalb von Amsterdam in die Wiese eingefressen hat. Ich bin wie *zu Hause* unter dem windzerzausten Himmel, aus dem die funkelnden Hirngespinste auf den Beton springen und sich brüllend dem Grasplatz nähern, wo tausend Fahrräder aneinanderlehnen, gestreifte Sonnensegel darübergespannt, unter denen bananenessende Ausflügler hervorspähen. Die verachte ich natürlich – besitze ich doch eine Bronzemedaille, die mir als soundsovieltausendster Besucher des Luftfahrtfestes in diesem Sommer vom Direktor der KLM persönlich überreicht worden war. Ich gehöre dazu. Auf der Terrasse unter dem Kontrollturm sitzen die Flieger Smirnoff, Geysendorffer, Parmentier, Viruly und noch andere berühmte Träger urholländischer Namen brüderlich mit dem besseren Publikum vereint, und mit ernstem Gesicht bewege ich mich unter ihnen – sei es um auf die Toilette zu gehen, wo ich mir sechs oder sieben Zehn-Cent-Stücke von einem dort aufgestellten Schüsselchen in die Hosentasche gleiten lasse, mit denen ich dann zum hundertsten Mal an der Führung teilnehme; sei es, daß der Lautsprecher ausruft: »Mr. Rosnowsky from London is requested at the information desk.« Dann stehe ich mit ernster Miene auf und haste in das Gebäude hinein. [Bin ich heute auf dem Flughafen Schiphol, und die Lautsprecher nennen einen ungewöhnlichen Namen, dann achte ich jedesmal darauf, ob nicht irgendein Flegel eilig die Terrasse verläßt, aber bis heute bin ich der einzige geblieben.

Und wird mein eigener Name ausgerufen, dann bleibe ich erst noch eine Weile sitzen, damit niemand auf den Gedanken kommt, ich könnte *nicht* damit gemeint sein. Der Höhepunkt meines Lebens wird dann erreicht sein, wenn die Lautsprecher ausrufen werden: »Wir bitten Herrn Mulisch, sich zur Maschine nach Mekka zu begeben«, und ich einen pickeligen Idioten gehetzt seine Sachen zusammenraffen sehe.]

Auf dem Dachboden gehe ich gebückt unter der tropfenden Wäsche herum, in meinen Händen ein trapezförmiges Stück Aluminium mit scharfen, umgebogenen Rändern: Es stammt von einer abgestürzten Maschine, deren Überreste hinter dem Zaun zwischen zwei Baracken im Haarlemer Elendsviertel vor sich hin rosten.

In meinem Zimmer kann ich die Stimmen unter mir hören. Nachdem ich eine Weile in den Spiegel geschaut habe [– und ich bin auch eben vor den Spiegel getreten, *jetzt*, 1958, und ich habe keinen anderen gesehen, kein anderer hat keinen anderen gesehen, und auch der verwüstete, zerbröselnde, sich zu Pulver auflösende, platzende Greis im Jahre 1999 wird keinen anderen sehen], krieche ich in mein Puppentheater. Es ist so groß wie ich selbst, aus braun bemaltem Sperrholz und einer Spielbühne, die eingefaßt ist von einem Rahmen aus weinrotem Samt. Im Halbdunkel, umgeben von süßem Holzgeruch, ziehe ich mir zwei Puppen über die Hände und gebe eine Vorstellung für meinen Hund, der auf das Bett gesprungen und unter die Decke gekrochen ist, wie ein Kritiker unter seine Vorurteile.

K a s p e r *(erscheint, mit bellender Stimme)*: Gretel! Gretel!

G r e t e l *(erscheint schreiend)*: Ja, Kasper? Was ist los?

K a s p e r: O weh! Ich sterbe!

G r e t e l: Kasper! Kasper! Nein! Hilfe! Herrje! Kasper!

K a s p e r: O weh! Ling Tang ist mir auf die Spur gekommen.

G r e t e l: Ling Tang? Wer ist Ling Tang, Kasper?

K a s p e r *(langsam vornübersinkend)*: Das Oberhaupt... der... Schwarzen... Hand...

G r e t e l: Ich hab dich doch so gewarnt!

K a s p e r: Zu spät... Ling Tang hat zugeschlagen.

S t i m m e   v o n   L i n g   T a n g *(mit einem niederträchtigen Akzent)*: Ling Tang nicht wissen, worüber Kasper sprechen. Ling Tang immer gut gewesen zu Kasper. Ling Tang sehr betrübt sein, sehr betrübt sein.

G r e t e l: Hilfe! Ich höre seine Stimme!

K a s p e r: O weh... *(Er stirbt. Nachdem er röchelnd weggesackt ist, zieht der Puppenspieler ihn mit der anderen Hand, mit Gretel, schnell aus. Etwas später, sein Arm steckt bis zum Ellenbogen in der weißen Puppe, schießt der Leibhaftige Tod kreischend auf die Bühne)*.

D e r   L e i b h a f t i g e   T o d: Haha! Scheißdreckarschkacke! Scheißen, kacken, pinkeln, pupen! Ich krieg euch alle! Uuaahh! Wartet nur! Rache ist süß! Jessaschristasgottverdammt! Angreifen! Paf, paf! Paf! Alle sind verrückt! Paf, paf, paf! Paf, paf! Paf!

Vor K.V.K.s Türe sitze ich auf der obersten Treppenstufe und starre ins Treppenhaus. Weil ich nicht hinhöre, verstehe ich nicht, was gesprochen wird; ich höre sie. Dunkel, reglos zirkelt das Treppenhaus abwärts. Die Stimmen werden lauter und leiser; manchmal ist es minutenlang still; dann höre ich sie wieder. Hinter mir das langsame Ticken der Standuhr. Tick. Tack ... Auch als ich hinter der Tür jemanden gehen höre, rühre ich mich nicht. Der Treppenläufer bleibt unbeweglich liegen; Stufe um Stufe verschwinden die Stiche im Dunkel.

Die Tür öffnet sich. Erst als ich höre, wie sie sich wieder schließt, wende ich mich um. Aus ferner Höhe schaut Alice auf mich herab. Sie hat sich zu einer Statue verwandelt. Ihr Gesicht ist verdeckt von einer grauen, fahlen Maske, die viele Male gesprungen ist. Nur ihre blauen Augen leben und schauen mich aus dem getrockneten Lehm an.

Sie sagt nichts, ich stehe langsam auf.

»Du gehst weg?« frage ich.

Sie sagt:

»Ja.«

Ein paar Abschilferungen trudeln von ihrem Gesicht auf den Boden. Sie dreht sich um und geht in ihr Zimmer. Dann sehe ich nur noch die hohe Standuhr aus schwarzgelacktem Holz zwischen den beiden geschlossenen Türen. Hinter Glas das langsame, kupferne Geschaukel des Pendels auf dem dunklen Flur.

Ein beliebiger Satz

Ein Buch, einmal geschrieben, bleibt nicht auf alle Zeit unveränderlich. Es ändert sich mit jedem neuen Buch, das ein Schriftsteller schreibt. Mit jedem Buch verändert der Schriftsteller alles, was er geschrieben hat, und bestimmt bis zu einem gewissen Grade alles, was er noch schreiben wird. Mit jedem Wort, das er niederschreibt, stellt er alles übrige zur Diskussion. Darin liegen seine Hoffnung und seine Furcht. Durch die Niederschrift seiner *Aufzeichnungen aus einem Kellerloch* veränderte Dostojewski 1864 sein gesamtes Œuvre, geschrieben und ungeschrieben; und wer sie nicht gelesen hat, hat nichts von ihm gelesen. Die Schwierigkeiten beim Lesen und Beurteilen eines lebenden Schriftstellers ergeben sich gerade aus der Vorläufigkeit auch dessen, was er dreißig oder vierzig Jahre zuvor geschrieben hat. Nichts ist abgeschlossen, alles ist möglich. Die Lektüre eines Werkes muß immer unter Vorbehalt geschehen: Erst mit dem Tod tritt eine Unwiderruflichkeit in Kraft, und es wird mit dem Lesen ernst. Der oft kurz nach dem Tod eines Künstlers eintretende Ruhm, den voreilige Leser oft genug verhöhnen, beruht auf diesem Umstand. Unser Van Deyssel hat mit dem törichten Zeug, das er in seinem späteren Leben geschrieben hat, seine ganzen Jugendschriften verdorben.

Das Œuvre eines Schriftstellers ist oder hat eine Totalität zu sein, ein einziger großer Organismus, in dem jedes einzelne Teil mit allen anderen Teilen durch unzählige Fasern, Nerven, Muskeln, Stränge und Kanäle verbunden ist, wodurch sie untereinander Kontakt halten und geheimnisvolle Nachrichten austauschen, Ströme, Signale, Codes ... Berührt man ihn irgendwo, reagiert er woanders; ein enormer Blutkreislauf und ein umfassender Stoffwechselprozeß sind im Gange, gelenkt von fast unauffindlichen Drüsen, und in der Mitte: die *Hypophyse*, unsichtbar für alle Zeit. Das Œuvre ist der *neue Körper* des Schriftstellers, – ein Körper, den er sich selber geschaffen hat, solider, haltbarer als der, den er von seiner Mutter erhalten hat. Er ist dazu bestimmt, den Schriftsteller nach seinem Verschwinden auf Erden zu überleben: nicht »ewig«, aber zumindest für einige Zeit. Mit diesem neuen Körper wird er noch atmen, wenn er selbst mit Atmen schon längst aufgehört haben wird; längst sprachlos geworden, wird er aus ihm noch sprechen.

Als mich eine Zeitung einmal um einen Artikel »über allgemeine Hintergründe meines Werks und über *Das schwarze Licht* im besonderen« bat, kam mir der Gedanke, daß es möglich sein müßte, von einem einzigen, beliebig gewählten Satz eines Œuvres ausgehend, das ganze Œuvre selbst aufzurufen, ja mehr noch das ganze Menschenleben, dem es entstammt. Und sei es auch nur, um einmal die Probe aufs Exempel zu machen, schien es mir wichtig, etwas in dieser Art einmal zu versuchen.

Es sollte unbedingt ein *beliebiger* Satz sein, nicht einer, der bereits eine eindeutige Aussage besitzt, andererseits aber auch keiner von jener allzu unbestimmten Art, mit denen jede Geschichte notgedrungen angefüllt ist und die für Paul Valéry Grund genug waren zu verkünden, daß er niemals einen Roman zu schreiben gedenke (anstatt zu verkünden, daß er eines Tages einen Roman *ohne* solche Sätze zu schreiben gedenke). Ich nahm mir *Das schwarze Licht* vor, und nachdem ich mir mehrere Male Sätze der ersten und zweiten Kategorie herausgegriffen hatte, stieß ich auf den Satz: *An der Wand eine hohe Standuhr aus schwarzgelacktem Holz.*

Sofort ahnte ich, was ich für ein Glück gehabt hatte – doch dies hätte ich ohne Zweifel bei jedem anderen beliebigen, nicht allzu beliebigen Satz ebenfalls empfunden. Es handelt sich um den letzten Satz des zweiten Kapitels; in diesem Kapitel wird mit Hilfe einer Rückblende erzählt, wie der Student Maurits Akelei seine Herzensfreundin beim »Ehebruch« mit einem Neger ertappt (was ihren Tod zur Folge haben wird) – ein Ereignis von solch abscheulicher Unerklärbarkeit, daß es sein ganzes Leben verändert: Anstatt technischer Ingenieur zu werden, wird er Musiker. Die Geschichte spielt an seinem Geburtstag, 23 Jahre danach.

Obgleich der obenzitierte Satz dem Kern der Geschichte sehr nahe steht, sah ich damals darin nicht mehr als einen technisch-stilistischen Abschluß. Immerhin erinnere ich mich einer gewissen Befremdung, als ich ihn niederschrieb. Die schwarze Farbe könnte zur Not ja noch auf den Neger zurückzuführen sein – aber warum eine Uhr? Warum nicht ein Spiegel oder eine Vase oder ein Barometer? Doch ich sah ganz deutlich eine Uhr vor mir, und ich war Manns genug, sie da stehenzulassen: Ein Schriftsteller hat nun einmal die schwierige Aufgabe, sich selbst hin und wieder durchaus ernst nehmen zu müssen. Allerdings wurde mir später klar, daß es gewissermaßen »dieselbe« Uhr war wie die aus einer

Anfangsszene der Geschichte – eine Szene, die ich damals mit der gleichen Befremdung niedergeschrieben hatte.

Und nun begriff ich auf einmal: Das ganze Drama des Akelei mußte letztlich aufgefaßt werden als ein Drama über *die Zeit*. Es ist sein Geburtstag, er vergißt, wie alt er ist, er ruft sich die Vergangenheit ins Gedächtnis, ununterbrochen wird gesagt, wie spät es ist, und man zitiert Sebastian Brant: »Die Zyt die kumt, es kumt die Zyt«, die Geschichte endet mit dem »Jüngsten Gericht«, wenn, nach Johannes auf Patmos, »keine Zeit mehr« sein wird. Ja, er ist Glockenspieler, macht Musik zu jeder vollen Stunde: er ist selbst zu einer Uhr geworden.

Während des Schreibens bemerkte ich zum Glück von diesen Zusammenhängen nicht das geringste; sonst wäre daraus eine schlechte Arbeit geworden, was es nun in diesem Maße nicht ist. Der Satz schien der Schlüssel zur Geschichte zu sein, so sehr, daß ich an seiner Beliebigkeit zu zweifeln begann. Aber das war es ja gerade, was ich beweisen wollte: Kein Satz ist beliebig. Jeder Satz ist ein Schlüssel zum Œuvre.

Und nicht allein zum Œuvre.

Denn es ergab sich als nächstes, daß ich jetzt auch die Anfangsszene der Geschichte begriff. Weil er keine Freunde hat, sucht Akelei seinen Hausarzt auf, um ihn zu seinem Fest einzuladen. Er muß einen Augenblick warten und tritt in den dunklen Hausflur. »Bei einer hohen Standuhr aus schwarzgelacktem Holz in der Mitte des Flurs hielt er inne. Hinter Glas schaukelte ein langsames Pendel mit einer kupfernen Scheibe als Gewicht. Überall Stille – nur das träge Ticken... Tick, Tack... Mit großen Augen betrachtete er die schimmernde Scheibe, die in stiller Ekstase, verborgen in einem Hausflur, mit angehaltenem Atem durch die Zeit ruderte... Langsam kam er näher, starrte auf die glänzende Bewegung. Wie gebannt sank er wenig später in die Knie, legte die Hände an das Holz und drückte seine Nase gegen das Glas. Langsam schwangen seine Augen hin und her, dem kupfernen Glanze nach, und sein Atem erschreckte sich am kalten Glas... Wie schön, wie schön war der Glanz des Kupfers. Tränen traten ihm in die Augen; er schloß sie, legte leise schluchzend seine Wange gegen das Glas und umarmte die Uhr mit dem vollen Umfang seiner Arme...«

Was umarmt er? Die Zeit, den Neger, den Tod. Darin besteht seine Ergriffenheit: das Unterste zuoberst, »positiv«, weil er es nicht begreift – genausowenig wie ich es in diesem Augenblick begriff.

Und hier, an dieser Stelle, erfolgte plötzlich der Sprung aus der Geschichte in mein Leben. Ich erinnerte mich an etwas Entsetzliches. Etwas war aufgerührt worden, das ich vergessen hatte wie Akelei sein Alter... Gerade eben habe ich es beschrieben. Das Bild dieser Uhr mit meiner fortgehenden Mutter davor versenkte sich tief in' mir, um dann zwanzig Jahre später wieder in diesen beiden Szenen von eben zum Vorschein zu kommen – und somit beschwört sie, abgesehen von meinem Werk und meinem Leben, die Wahrheit herauf: Wer einer beliebigen Unwiederbringlichkeit, ganz gleich welcher, Gehör schenkt, vernimmt darin das sanfte, unbewegte Ticken einer Uhr.

So schreibt eine Geschichte sich selbst, und der Schriftsteller protokolliert lediglich – mit einem kristallklaren Bewußtsein für die *Form*. Fern von jedem »L'art pour l' art« entdeckt der Schriftsteller, daß die Form Inhalt seiner Geschichte ist. Gedrängt von der Komposition schreibt er ein bizarres Ereignis nieder, scheinbar ohne Saft und Sinn, nichts weiter als eine nette Begebenheit, anderswo notiert er mit ein paar Worten einen technischen Abschluß – und siehe da, da hat er der Geschichte sein Leben eingehaucht, fern von aller »Autobiographie«, und weiß doch selbst nichts davon. Für die paar Worte mußten seine Eltern sich trennen. Nicht vergeblich vielleicht? Man bezahlt für alles, zwar nicht gerade sofort, aber bis zum letzten Cent. Seien Sie deshalb auf der Hut: Ein Schriftsteller hinterläßt niemals einen Schuldner.

DRITTES HEUTE (1938)

Bevor ich nicht im Bad gewesen bin, darf ich mich nicht anziehen; ratlos liege ich im Bett und warte. Durch das [dritte] Haus tönt das Singen des Badeofens und das donnernde Tosen von Wasser, das in die Badewanne stürzt. Der gottverlassene Geruch gebratenen Fleisches dringt aus der Küche durch alle Ritzen des Hauses. Plötzlich entfaltet sich die Stille wie eine schwarze Blume: K.V.K. steigt in die Wanne.

Ich warte. Draußen wütet das Christentum, hat die Straßen totgeschlagen, der Himmel ist bleich vor Angst. Genervt liege ich in der trockenen Luft der Zentralheizung. Mit den Händen unter dem Kopf betrachte ich das Fernrohr in der Ecke. Es ist kaputt, Jupiter erscheint in ihm als Doppelstern mit 24 Monden; – wieviel hat mir K.V.K. nicht über die Sterne erzählt, und dann fiel mir am ersten Abend unter den Sternen das Fernrohr mit dem Okular voraus auf die Straße; minutenlang stand ich da, die Hände gegen die Schläfen gepreßt, von K.V.K. bereits in schrecklichster Weise verachtet, doch schrecklicher noch ist seine Gelassenheit; danach beobachtete ich die Sterne wieder wie die Griechen: mit bloßem Auge und in der Annahme, daß beim Schauen ein Strahl von meinen Augen aus zu den Dingen, zu den Sternen hin ginge, erstaunt darüber, daß der Strahl beim Öffnen der Augen bereits da war: was für eine Geschwindigkeit!

Das Verhängnis nimmt unaufhaltsam und zur Gänze seinen Lauf. Nach einer halben Stunde beginnt er zu singen:

Ich bin von Kopf bis Fuß
Auf Liebe eingestellt
Denn das ist meine Welt
Und sonst gar nichts.

Jetzt wäscht er sich. Ich steige aus dem Bett, gehe über den kalten Boden, blättere in Büchern, schaue in den Garten hinaus. Auch der Garten ist gestorben; etwas, wodurch ein Garten erst ein Garten ist, hat ihn bis Montag verlassen, nur ein Sonntagsskelett ist zurückgeblieben. Die Pflanzen leben und sind tot, die Scheune ist da und ist nicht da, ich bin auf einem Antiplaneten in einem fremden Sonnensystem.

»Harryyyy! Harryyyy!«

»Ja«, rufe ich zurück – und aus Angst, daß ich die Fröhlichkeit in seiner Stimme nicht zu seiner Zufriedenheit beantworte, legt sich ein Grinsen auf mein Gesicht.

»Hopphopp!«

»Ja.«

Ich schaue mich noch kurz um, obwohl ich nichts vergessen haben kann, und fange an, im Zimmer hin und her zu springen, berühre noch schnell mit dem Finger: eine Märklin-Schachtel, ein Buch, die Lampe, ein Stück Aluminium, einen Bleistift, die Medaille der KLM, einen kleinen Soldaten, ich laufe, bis ich naß bin vor Schweiß, während mich allmählich die Angst überkommt, ich würde nicht schnell genug dort sein; und doch kann ich nicht aufhören damit, es ist stärker als ich, und triefend vor Schweiß denke ich: nur das noch eben anfassen, dann nur das noch und dann das und das, und das nur noch, jetzt das, nur das noch und das und das ... O Gott! Keuchend, völlig außer mir stürze ich zum Zimmer hinaus und renne über den Flur.

Das Badezimmer ist leer und voller Dampf, die Fliesen tropfen, der Spiegel ist wie aus Mattglas. Auf dem Wasser in der Wanne treibt grauer Seifendreck, der sich an den Seitenwänden hochzieht. Ich muß in dasselbe Wasser wie mein Vater.

»Darf ich ein bißchen Wasser dazu tun? Es ist ganz lau.«

Seine Stimme aus dem Zimmer:

»Hab ich schon getan.«

»Ein bißchen noch.«

»Ist nicht nötig.«

»Ooch, nur ein bißchen.«

Keine Antwort. Hinter der Türe höre ich ihn mit dem schwerem Schritt nackter Füße hin und her marschieren.

»Papa?«

Keine Antwort. Mir wird angst und bange, aber ich kann nicht aufhören.

»Papa?«

Im Türspalt erscheint er als Römer: gehüllt in ein hellblaues Badehandtuch, unter dem seine glatten Waden herausschauen, das Haar platt nach hinten gebürstet, sein Gesicht rosafarben vom Bad und verzerrt zu einer halbirren Maske.

»Harry, bring mich nicht zum Äußersten, ja?«

Er schaut mich, nach Tosca riechend, noch einen Augenblick an und wirft dann donnernd die Tür ins Schloß. Zitternd rühre ich im Wasser, um den Seifendreck zu verteilen, lasse mich seufzend hineingleiten und werde leicht wie ein Fisch.

Inmitten einer Ordnung und einer Reinheit, die so unmenschlich ist wie ein Oktaeder, mich im Buffet und in der Kommode spiegelnd, sitze ich an einem damastenen Tischtuch, dessen Falten sich geometrisch unter den Schüsseln durchziehen wie auf Leonardos Abendmahl – darauf stellt Frieda eine Schüssel Sauerbraten. Mit beiden Händen greift sie nach dem Buch, das neben K.V.K.s Teller liegt, und legt es wie eine Reliquie auf die Kommode.

»Stört Sie das Buch?«

Die Stimme kommt aus dem Salon. Dort liegt K.V.K. auf dem Sofa; ich sitze mit dem Rücken zu ihm. Frieda, in ihrem engelrein gestärkten Schurz, ein Jahr älter als er, errötet und legt das Buch zurück, nicht weniger vorsichtig als zuvor. Bei der Tür schlägt sie sich mit beiden Fäusten vor die Stirn und läuft weinend aus dem Zimmer. Ich wende mich nicht um, aber mein Haß wird ein Mensch und dieser Mensch bin ich. Ich warte.

»Iß ruhig, Harry.«

Ich fange an zu essen, rosafarben, fröstelnd in meiner durchweichten Haut, in sauberer Unterwäsche, die ich überall fühle. Das Eßzimmer, der Salon sind so feindselig wie die Bleikammern aus dem Schwefelsäure-Prozeß, alles ist irrwitzig poliert, die persischen Teppiche schreien ihre Farben heraus. Mit der Drohung in meinem Rücken esse ich den Teller leer, dem leeren Stuhl und dem unangerührten Besteck gegenüber. Als ich fertig bin, suche ich nach einem Vorwand, um aus dem Zimmer zu gehen, aber mir fällt nichts ein. Schließlich wage ich es aufzustehen, und ohne in den Salon zu schauen, stelle ich mich vors Fenster.

Die Erde ist der Natur abtrünnig geworden. Leere, Stille und Tod. In einer tintenschwarzen Regenpfütze auf dem Rasen spiegelt sich der Himmel, der leer ist wie ein für unbewohnbar erklärtes Haus. Als ich mich umdrehe, liegt K.V.K. mit dem Gesicht zur Wand, unter seinem Mund ein Taschentuch; seine Schuhe stehen nebeneinander vor dem Sofa. Ich betrachte seinen Rücken. Plötzlich, ohne sich umzudrehen, sagt er:

»Kannst du nicht auf dein Zimmer gehen?«

Wie ein Flüchtling auf Eisschollen trete ich von dem Buchara auf den Afghanen, vom Afghanen auf den Schiras und vom Schiras auf den Belutsch. Nachdem ich die Tür, so leise ich konnte, geschlossen habe, als ob er schon schliefe, gehe ich erleichtert in die Küche.

Dort, zwischen Steingut und Kacheln sind Ordnung und Reinheit schon nicht mehr von dieser Welt. Mittendrin sitzt Frieda, den Kopf in die Hände gestützt, und weint.

»Was ist los?«

Sie antwortet nicht, das Weinen wird stärker.

»Was ist los?«

Sie legt eine plumpe, an den Hautfalten aufgeplatzte Hand über ihre Augen. So laut ich kann, schreie ich:

»Hörst du denn nicht, daß ich dich was frage? Was ist los, frag ich dich! Sags doch, du Kuh! Was ist los? Verdammt noch mal, warum heulst du?« Ich weiß genau, was los ist, aber sie soll es sagen, sie muß es sagen.

»Sollte es vielleicht möglich sein, daß für eine halbe Stunde *Ruhe* in diesem Haus herrscht?«

Die Stimme kommt aus dem Hausflur. Eine Tür wird zugeschlagen. Aber nun sind wir vereint in unserem Haß: ich, für den sie lebt, sie, aus Posen in diese Küche gespült, schimpfend, schrubbend, kochend, zigarettenrauchend, mit einer Dienstbarkeit, die ans vollkommen Absurde grenzt [– eine Dienstbarkeit, die am Ende zu jenem Terror werden wird, mit dem sie die Macht ergreift, aber da stirbt sie schon, stirbt mein Vater schon, und ich schwimme im Schwarzen Meer].

»Warum heulst du?« flüstere ich.

»Der Hund da drin. Den ganzen Morgen schufte ich, feines Essen zu machen, um sechs bin ich aufgestanden, und dann er gibt mir ein blödes Maul wegen diesem Scheißbuch. Oh, warte nur«, sagt sie mit gedämpfter Stimme und schüttelt die Faust in Richtung Türe, »meine Zeit wird kommen. Dann werde ich ihm was erzählen. Über seine Hurereien.«

»Die Pest ihm an den Hals, dem Scheißkerl. Und gegessen hat er auch wieder nichts.«

Sie steht auf und holt aus einer Suppenterrine eine Tüte mit Karamellen.

»Geh schon,« sagt sie weinend. »Geh.«

Auf Zehenspitzen gehe ich nach oben. Vor der Tür von K.V.K.s Schlafzimmer bleibe ich zögernd stehen. Vorsichtig, weil er es unten sonst vielleicht hören könnte, drücke ich die Türklinke: – Ich gehe oft hinein und bleibe ein paar Minuten still zwischen den Dingen stehen, manchmal vor dem Spiegel, umgeben von dem Mysterium seiner Abwesenheit: wie ein Geschöpf in der Schöpfung; drinnen ist alles von blutroter Farbe, das Bett, der Kleiderschrank, der Tisch, die Stühle, die Kommode, denn er ist farbenblind und seine Lieblingsfarbe ist blau. Als ich schon halb im Zimmer bin, rutscht mir das Herz in die Hose.

Auf dem Bett liegt K.V.K., sein Haar ist etwas zerzaust. Reglos liegt sein angekleideter Körper auf dem blutroten Bett.

Schwindelig vor Schreck taumle ich zurück und schließe die Tür. Sekundenlang stehe ich auf dem Flur, um zu mir zu kommen, während sich auf dem Hinterkopf mein trocknendes Haar sträubt. So leise ich kann, steige ich die Treppe zum Dachboden hinauf, wo es mit einmal herrlich kühl ist und betrachte, noch außer Atem, mein Ungetüm.

Hier baue ich an einem Flugzeug. Es hat eine Spannweite von vier Metern und ruht auf Stühlen und der Treppenbalustrade, besteht aus einem kreuzförmigen Lattengestell, über das ich alte Bettücher gespannt habe, kann froh sein, wenn es segeln, geschweige denn fliegen würde. Ich stellte mir vor, es mir mit Gurten um die Taille zu schnallen, wie Otto von Lilienthal einen Hügel hinabzustürmen und mit einem Sprung in die Luft zu steigen. Um es nach draußen zu bringen, müßte ich es auseinandernehmen. Obwohl mir diese Eigentümlichkeit des Apparates nicht entging, baute ich doch täglich daran fort. Jedes Stückchen Holz, dessen ich mich bemächtigen konnte, nagelte ich daran fest, so daß mit der Zeit ein phantastisches Ungetüm daraus geworden war, in dem nur noch mit zusammengekniffenen Augen die Grundform eines Flugzeugs zu erkennen war; es hätte sich dabei genausogut um das Kruzifix eines irrsinnigen byzantinischen Bildhauers handeln können. Geheimen Ortes in den Eingeweiden des Monsters verborgen, liegen meine Instrumente. Ich hatte zum Beispiel einen Geschwindigkeitsmesser erfunden, der aus einem Nagel bestand. Durch die Reibung mit der Luft würde dieser Nagel sich erwärmen, und wenn man ihn anfaßte, könnte man, nach einiger Übung wenigstens, die eigene Geschwindigkeit feststellen.

Kalt erhebt sich der Dachboden über mir und dem gefangenen Flugzeug und den Koffern und den Körben mit allem, was damals schon Vergangenheit war. K.V.K. würde wach werden, wenn ich jetzt zu hämmern begänne – übrigens habe ich in letzter Zeit immer weniger Lust dazu. Ich schließe mich in das Dachzimmer ein. Die Kakteen, die ich auf der Fensterbank züchte, schiebe ich beiseite und schaue, meine Ellenbogen auf das Holz gestützt, nach draußen. Leer schweben die Gärten vor den Fenstern und Balkonen. In der Regenrinne liegt moosgrüner Moder. Ich bewege mich nicht mehr. Ich fühle mich trübe werden von der Einsamkeit der Welt, gerne würde ich was dagegen tun, aber was? Mit den Händen vor meinen kalten Ohren starre ich auf die verlassenen Rasenflächen, auf die hoffnungslosen Bäume. Alles steht an seinem Platz, der Strauch in seiner Rabatte, die Gartenvase auf ihrem Rasenstück, aber ohne es mir klarzumachen, weiß ich, daß das Chaos unbeschreiblich ist. Wie soll das je in Ordnung kommen? Es ist ein unbeschreibliches Chaos deshalb, weil alles *ist*, gleichgültig wie geordnet oder gepflegt. Die Hekkenschere selber ist Chaos, der lederne Lappen dort. Und daß es die Menschen gibt, daß es mich selbst gibt... die Luft auch und die Wolken... Überwältigt schließe ich die Augen.

Habe ich geschlafen? Als ich wieder zu mir komme, scheint die Sonne ins Zimmer. Glücklich schaue ich mich um. Ich weiß, was ich tun werde. Ich werde lesen.

Zum hundertsten Male lese ich die ersten Kapitel von *Das wundersame Verschwinden des Bram Vingerling*. Vorige Woche erst habe ich das Buch geschenkt bekommen (von Alice, die mich jeden Mittwochnachmittag aus Amsterdam besuchen kommt, wenn K.V.K. nicht zu Hause ist), nie lese ich woanders darin als hier. In der trockenen, auslaugenden Wärme, die der Sonne am Sonntag hinter Glas eigen ist, nimmt mich die unvergeßlich dichte Beschreibung von Vingerlings Opus in sich auf. Seine Abenteuer, nachdem er bereits unsichtbar geworden ist, langweilen mich – ich kann mir selbst spannendere ausdenken – doch wie sehr ergreift mich die Schilderung des Marktes, wo er das alte Buch mit dem Rezept aufstöbert, und wie sehr die Beschwörung der Dachkammer, in der er seine Experimente durchführt. Und unsichtbar wird! Ich lese es wieder und wieder, ich kann nicht genug davon kriegen. Das Haus, in dem er wohnt. Die Türglocke, die läutet. Sein Hund. Das ist ein Leben, das Leben von Bram Vingerling. Scharf, klar, wie ein Faustschlag auf den Tisch. Was ist damit verglichen das meine? Ein langweiliges Getrudle, erst geschieht das, dann geschieht das ... Sollte ich selbst nicht auch – ?

Aufgeregt springe ich vom Küchenschemel. Selber Experimente durchführen! Dieses Zimmer in das von Bram Vingerling verwandeln, mich selbst in ihn, und selber so wirklich werden wie er, und dann unsichtbar! Mit meinen Armen durch das Licht rudernd, laufe ich hin und her. Retorten kaufen, Chemikalien... ein *Laboratorium* einrichten! Das ist doch etwas ganz anderes, als ein Flugzeug bauen! Und morgen sofort auf den Büchermarkt! Ich bin völlig außer Atem und lache! Glühend vor Erkenntnis stoße ich das Fenster auf und lehne mich so weit ich kann hinaus.

In einem Liegestuhl im Garten ruht K.V.K. mit geschlossenen Augen in der dünnen Sonne, ich schaue direkt auf ihn hinunter. Er trägt einen schwarzen Wintermantel und einen schwarzen Hut, sein Mund ist aufgegangen im bleichen Licht.

Die Gestalt der Technik

Techniker unter den Lesern werden bei der Erwähnung meines Geschwindigkeitsmessers, der aus einem Nagel bestand, zweifellos erstaunt aufgesehen haben. In der Tat. Noch immer schaue ich mit Stolz auf diese Erfindung zurück. Unbrauchbarkeit steht bei diesen Dingen selbstverständlich an erster Stelle: Einen Geschwindigkeitsmesser kann jeder Fahradschlosser erfinden – nein, hier hatte sich die Phantasie auf ihre reinste, ihre unschuldigste Einfachheit reduziert. Denn auf die Intensität kommt es an und sie darf dabei ruhig jeder Nützlichkeit spotten und auch jeder Natur, so wie das Verbrechen den Gesetzen spottet. Der Hinweis auf die Blutsverwandtschaft zwischen Phantasie und Verbrechen kommt mir sehr gelegen.

Warum ich nicht bis zum heutigen Tag daran herumzimmere? Weil ich den unverzeihlichen Fehler beging, beim Bau meines Flugzeugs an dem Vorurteil »fliegen« festzuhalten. Ich war schon viel weiter als das. Fliehen, das war mein Ziel, und es sollte geschehen durch ein Auf-und-davon-Fliegen, am liebsten zu den Sternen. Wer erzählte mir nur, daß ich für meine Flucht ein viel brauchbareres Instrument in Händen hielt, als es ein »Flugzeug« je hätte sein können: ein Kunstwerk!

Woher konnte ich wissen, daß mein mißglücktes Ungetüm ein außergewöhnlich wirksames *Kunstwerk* war? Daß ich eher entfloh, indem ich fortfuhr, daran zu bauen, als ich es gekonnt hätte, wenn ich mit ihm auf und davon geflogen wäre, da mich letzteres höchstens *in* die Welt versetzt haben würde, während ersteres mich ihr entriß! K.V.K. erzählte mir von Homer und Goethe – was wußte er von Kurt Schwitters? Daß dieser in seinem Haus in Hannover aus allem Abfall, dessen er auf Müllhalden, in der Gosse nur habhaft werden konnte, seinen *Merzbau* errichtete: einen phantastischen europäischen Totempfahl, der wuchs und wuchs, bis er die Zimmerdecke durchbrach, wuchs und wuchs, bis auch in die darüberliegende Decke ein Loch geschlagen werden mußte, und noch immer wuchs, durch die dritte Zimmerdecke hindurch ... (bis im Krieg eine Bombe Haus und Bau gleichermaßen zerstörte, wonach Schwitters, vorher schon vor Hitler geflüchtet, noch zwei weitere errichtete: in Norwegen einen und einen in England.)

Obgleich der große Dadaist gerade in diesem Moment nur ein paar hundert Meter von uns entfernt wohnte, erzählte mir niemand etwas über ihn. Manchmal stelle ich mir vor, wie ich ihm im Haarlemmer Hout begegne, als er gerade ein Straßenbahnbillet aufhebt, ihn mit auf den Dachboden nehme und ihm mein Flugzeug zeige. Er hätte meinen Geschwindigkeitsmesser zu würdigen gewußt.

Es gibt zwei Arten, wie ein Mensch seine Grenzen überwinden, zwei Formen, in denen er mit Hilfe eines transzendentalen »neuen Körpers« sich seiner selbst entledigen kann:

1. in Gestalt eines Kunstwerks oder eines Œuvres, wie eben beiläufig erwähnt und vordem im Abschnitt *Ein beliebiger Satz* angedeutet; das ist die individuelle Art und Weise;

2. als eine Erweiterung des *Körpers* in der Gestalt der Technik; das ist die kollektive Art und Weise.

Die gesamte Fortbewegungstechnik – vom ersten Rad und dem ersten hohlen Baumstamm, über die Kutsche, das Dampfschiff und die DC-8, bis zur Interplanetarrakete – ist eine Fortsetzung unserer Beine.

Die gesamte Architektur – die Milliarden Hütten, Iglus, Villen, Hochhäuser, Banken, Paläste, Kirchen, Theater, Bordelle, Warenhäuser – ist, zusammen mit der Kleidung, eine Fortsetzung unserer Haut.

Die gesamte Kriegstechnik – von der Keule, über Pfeil und Bogen, Gewehr und Schnellfeuerkanone, bis zur unterwasserabfeuerbaren H-Bombe – ist eine Fortsetzung des Armes mit der geballten Faust.

Die gesamte Industrie – vom ersten Webstuhl bis zu den Hunderttausenden von Fabriken, welche, immer leerer werdend, die Erde überziehen – ist eine Fortsetzung unserer zehn Finger.

Die gesamte Kommunikationstechnik – von der

an den Mund gehaltenen hohlen Rufhand und der Schrift, über das Megaphon, die Buchdruckkunst, Radio und Telegraphie, bis zu Radar und Radioteleskop – ist eine Fortsetzung von Mund und Ohren.

Die gesamte optische Technik – von der ersten Brille bis zum Mount-Palomar-Teleskop, von der Öllampe bis zur Londoner Straßenbeleuchtung, von der Daguerreotypie bis zum Film und Fernsehen – ist eine Fortsetzung unserer Augen.

Die gesamte Rechentechnik – von den Fingern, über Steine und den Abakus, bis zur elektronischen Rechenmaschine – ist eine Fortsetzung unserer Gehirne.

Alles, was bisher noch nicht genannt wurde, kann in gleicher Weise zugeordnet werden: das Feuer, d.h. die Heizungstechnik, dem Stoffwechselprozeß, die Kanalisation den Gedärmen u.s.w.

Man stelle sich daraufhin vor – nachdem wir eben festgestellt haben, daß die Technik aus einer körperlich-biologischen Perspektive gesehen werden muß – es würde einen von uns auf einen Planetoiden mit einer Tagestemperatur von +200°C und einer Nachttemperatur von -273°C verschlagen. Niemals würde ein Ureinwohner auf die Idee kommen, das schwerfällige, glänzende, sich fortbewegende Material sei nicht der *Körper* des Fremdlings. »Komm raus da!« würde er ihm zurufen. Und besäße er auch so etwas wie Verstand, er wüßte nicht, wo die Umhüllung aufhörte und der Körper begänne. Wißbegierig bräche der Gelehrte die Hülle auf und fände darin eine reglose, schwabbelige, schmorende Masse (am Tage) resp. eine weißen, steinharten Kegel (des Nachts). Ob das der Körper ist? Er bräche ihn so lange auf, bis nichts mehr da wäre. Vielleicht behielte er am Ende eine Erbse aus dem Magen des Astronauten übrig. Und langsam ginge ihm ein Licht auf. Die Erbse würde schließlich im örtlichen Museum zur Schau gestellt werden und trüge die Bezeichnung: *Erdbewohner*.

»Körper« ist eine variable Größe. Um auf dem Planetoiden am Leben bleiben zu können, hat der Astronaut ein Stückchen der irdischen Umwelt mit sich genommen: Luft, konstante Temperatur und noch andere menschliche Existenzbedingungen. Aber ist nicht sein »richtiger« Körper bereits ein »Raumanzug«, dem Paläozoikum entstammend, als seine Vorväter aus dem Meer ans Land krochen? Unser Blut hat genau die Temperatur und die Salzkonzentration, die das Meer damals hatte! Eingehüllt von Gewebe schweben unsere Organe in einem Stückchen Meer, das wir als unerläßliche Umwelt mit uns genommen haben. Also – wo ist die Trennlinie zwischen Körper und Technik zu ziehen?

Doch fahren wir mit unserer Untersuchung fort und prüfen, wie weit der Körper *reduziert* werden kann, ohne daß der Mensch dabei verlorengeht. Arme und Beine werden amputiert, der Rest des verbleibenden Fleisches wird weggeschnitten und das Skelett entfernt. Jetzt treiben nur noch die Organe, das Gehirn und einige andere Kleinigkeiten in unserem Bad, das nicht größer zu sein braucht als eine Spülwanne. Dann ersetzen wir zuerst die Lungen durch eine eiserne Lunge, um danach gleiches mit dem Herzen, der Leber, den Nieren u.s.w. zu tun – wäre dann nicht das ganze Eisen der *Körper* unseres Mannes? Aber wir gehen noch weiter. Nach einigem

Experimentieren, wobei wir uns durch kleine Rückschläge nicht entmutigen lassen, gelingt es uns, lediglich das Gehirn und das Rückenmark übrigzubehalten. Der Mensch lebt noch immer. Schon in diesem Stadium, das gar nicht so hypothetisch ist (ich würde nicht meinen Kopf darauf verwetten, daß nicht irgendwo auf der Erde bereits ein Bassin mit solchem Inhalt steht), schon in diesem Stadium können wir ihn in eine Rakete einmontieren, die betreffenden Fasern mit der Apparatur verbinden, wie Fernseh- und Signalgeräte, und ihn ins Weltall schießen, wo er Hunderte von Jahren ohne merklichen Verschleiß oder Alterungserscheinungen umherstreifen könne.

Man muß sich das einmal vorstellen. Dieser Mensch (»Mann« oder »Frau« kann man ihn selbstverständlich nicht mehr nennen), der aussieht wie ein riesiges, graues Spermatozoon, in einem Aquarium treibt und verbunden ist mit einer Maschine, sieht, so wie wir sehen, denkt, so wie wir denken, führt alle erdenklichen Tätigkeiten aus, ist aber vollkommen unkenntlich und reglos. Wenn ich beispielsweise denke: Jetzt werde ich gleich das oder das telegraphieren, dann strecke ich meine Hand nach einer Taste aus und telegraphiere. Auch dieser Mensch denkt: Jetzt werde ich das oder das telegraphieren – doch da telegraphiert er auch schon, denn der Unterschied zwischen Denken, Hand, Taste und Sender ist weggefallen – ja selbst die Empfangsvorrichtung auf der Erde ist ein Teil seines Selbst geworden.

Läuft alles am Ende darauf hinaus, das zentrale Nervensystem als unseren »höchsteigensten« Körper zu betrachten? Ist es das Letzte, was nicht durch eine Prothese ersetzt werden kann?

Norbert Wiener (*The human use of human beings*) schreibt: »The fact that we cannot telegraph the pattern of a man from one place to another seems to be due to technical difficulties (...) The idea itself is highly plausible,« sagt der Begründer der Kybernetik – und es läuft schließlich darauf hinaus, daß ein Mensch in eine »Nachricht« verwandelt werden kann, die (statt wieder »rematerialisiert« zu werden) ebensogut auch in einen entsprechenden Apparat eingefüttert werden kann, der, wie in meinem Beispiel, in eine Rakete eingebaut und ohne weitere Amputationen bis in alle Ewigkeit mit menschlichem Bewußtsein ausgestattet durch das Universum schweben kann.

Das ist dann der Mensch und sein Körper.

Und wenn wir also akzeptieren, daß die Technik eine geradlinige *biologische Entwicklung des menschlichen Geschlechts* ist, dann werden die Schwachköpfe, die mir jetzt noch widersprechen, immer stärker Amöben gleichen, die halsstarrig darauf beharren, daß sie sind, was sie nun einmal sind, während sie schon längst als Nierenzellen, mit denen ich Pisse mache, eine denkbar untergeordnete Rolle in meinen Nieren spielen. Ja natürlich – ICH. Denn wer wird mit Sicherheit behaupten wollen, daß z. B. die Zerstörung von tausend Fabriken, welche innerhalb eines Jahres Hungertod und Krankheit von Millionen Menschen zur Folge haben könnte, nicht auch auf *direkte* Art und Weise erfahren werden könne? Aus welchen Gründen will man abstreiten, daß wir Menschen plus Technik zum Körper eines riesigen biologischen Mutanten werden? Ein kugelförmiges Wesen mit der Erde als »Skelett«, das sich nicht minder vom Menschen unterscheidet als der Mensch von der Amöbe. Seit anderthalb Jahrhunderten geht das Sonnensystem mit diesem neuen Adam schwanger, seit hundertundfünfzig Jahren mauern und schweißen wir an seinem Embryo herum. Und wenn er endlich geboren wird, was nicht mehr lange dauern kann, wird nicht nur das Quartär, das vor einer Million Jahren mit den ersten Andeutungen menschlichen Lebens seinen Anfang genommen hat, ans Ende gekommen sein, nein, um etwas Vergleichbares zu finden, müssen wir in die Tiefen des Archaikums, drei Milliarden Jahre zurück, als sich zum ersten Mal Einzeller zu höheren Wesen organisierten. Und deshalb erkläre ich – nachdem die Erde das Kryptozoikum, das Paläozoikum und das Mesozoikum hinter sich gelassen hat – das Känozoikum für beendet und eröffne hiermit ein neues Erdzeitalter: das *Metazoikum*.

Dieses riesige Wesen aus Eisen, Radiowellen, Gummi, Backstein, Elektrizität, Beton, Feuer, Gammastrahlen, Aluminium, Benzin, Plastik – diese Technik ist das leibgewordene Verhältnis der Menschen untereinander. So wie das Haus die gemeinschaftliche Haut der Familie ist, der Herd der gemeinschaftliche Blättermagen und das WC der gemeinschaftliche Anus, so bildet die gesamte Technik den einen Körper, den die ganze Menschheit gemeinsam hat. Wollüstig entleeren wir uns in sie, wie es bei jedem Verhältnis der Menschen untereinander der Fall ist. Das ist die Erklärung für die Tendenz zur Entselbstung, »Nivellierung«, »Gleichschaltung«, »Vermassung«, die an der Technik so auffällig ist. Zahllose Methoden wurden erdacht, um diesen Prozeß noch zu beschleunigen. Durch Mittel wie Uniformierung, Psychotechnik, Effizienz-Expertise, Meinungsforschung, »hidden persuaders«, Lügendetektoren, an Arbeitsplätzen verborgene Mikrophone und vor allem durch die allen gemeinsame ethische Grundhaltung, nicht anders sein zu wollen als die anderen, wird jede Menschen-Zelle mehr und mehr auf ihren Platz gewiesen, um desto williger zu einem Diener jenes »Bewußtseins« zu werden, das Big Brother gerade entwickelt. Kapitalismus, Sozialismus und Kommunismus arbeiten für dieses hohe Ziel Hand in Hand in Hand.

Weil wir dies so wenig wissen werden wie das Gegenteil (aber vielleicht halten meine Nierenzellen auch jeden Abend flehend bei mir Einkehr), bleibt uns nichts übrig, als uns auf unsere eigenen Wahrnehmungen zu beschränken. Auf Erden wird dann eine Pyramidenzeit ohne Ende, ohne Geist, ohne Geschichte und ohne Zukunft anbrechen, eine Niemandszeit, für alle Zeit in ägyptische Finsternis gehüllt. Die totalitären Staaten von gestern und heute sind läppische Kostproben dessen, was uns morgen erwarten wird. Glücklicherweise wird man sich dessen nicht mehr bewußt sein, wenn es soweit ist: Die Menschheit wird sich biegen vor Lust... Die Maschinen, die unter dem Etikett »Sicherheitsmaßnahmen« ihre Macht von Tag zu Tag ausbauen und uns in einem stets kleiner werdenden Raum in ihrer Mitte zusammentreiben, werden sich am Ende selber erschaffen. Um jene Zeit dürften die Menschen dann, falls man sie bis dahin noch so nennen darf, unauffällig aussterben: Nicht der uninspirierteste Teil der heutigen Literatur hegte wiederholt Visionen einer

Welt von arbeitenden Maschinen und Fabriken, ohne ein lebendiges Wesen und ohne ein Bewußtsein darin.

In jener Welt der »mutterlosen Töchter der Männer«, wie Apollinaire die Maschinen nannte, wird es am Ende keine Wahrheit mehr geben. Die Wahrheit war eine bemerkenswerte Eigenschaft des menschlichen Intellekts, die ihren reinsten Ausdruck in der Mathematik gefunden hat; daraus ergab sich die noch bemerkenswertere Tatsache, daß man eine Brücke damit bauen konnte, die nicht einstürzte und ein Ding, das fliegen konnte. Die Technik hat bewiesen, daß die Wahrheit in einer Beziehung zur Wirklichkeit stand – eine Beziehung, die ich in keine anderen Worte zu fassen vermag als in die, daß der Mensch die Wahrheit der Wirklichkeit sei. Diese Wahrheit ist es, welche die Wirklichkeit dann verloren haben wird.

Lebwohl, lebwohl. Die Zeit ist gekommen, um Abschied zu nehmen vom Menschen. Ein mächtigerer Meister ist im Anzug.

Willkommen! Willkommen!

[*Zugabe: Kleiner theologischer Überbau für Suchende.* – Wir gehen aus von einer Dialektik, die uns der sel. Gott der Christen einst hinterlassen hat. Dieser hat gesagt:

1. »Das erste Gebot: Liebe Gott.«
2. »Das zweite Gebot, *diesem gleich*: Liebe deinen Nächsten
3. wie dich selbst.«

Aus dieser brillanten Gleichsetzung von Gott, dem andern und mir selbst, noch bekräftigt durch den Spruch »wo zwei sind, da bin auch ich«, ergibt sich alles weitere wie von selbst. Der Gott, der sich im Verhältnis der Menschen untereinander offenbart, war jahrhundertelang der Mörtel, der die Menschen zusammenhielt: am deutlichsten sonntags in der Messe, am wirksamsten in der Zugehörigkeit zur Kirche durch die Taufe. Niemals wäre ein anderer Name für die Katholische Kirche je passender gewesen als »der mystische Leib Christi«.

Doch dann, nachdem die Welt achtzehn Jahrhunderte lang ein einziger ununterbrochener Sonntag gewesen war, kam die Technik.

Das Beispiel vom Hirnlappen in der Rakete zeigte uns, daß der Gedanke an das Telegraphieren schon das Telegraphieren selbst war, so wie bei einem normalen Menschen der Gedanke an »greifen« bereits die Armbewegung ist – und (auch bei Gott waren die Worte »Es werde Licht« das Licht selber, und nicht nur die »Ursache« davon) der Arm *das Greifen* selbst. So offenbart sich die Technik als leibgewordene Sprache. Und weil das Wort in der Technik Fleisch wurde, brauchen wir nicht länger einen mystischen Gott, der uns zusammenhält. Wir können auf das, was uns vereint, mit Hämmern einschlagen. Zwei Motorradfahrer, unter Helm und Brille gleichermaßen unkenntlich, die auf einander zurasend feststellen, daß sie dieselbe Motorradmarke fahren, heben ihre Hände zum gegenseitigen Gruß: Ihr Verhältnis ist nicht weniger tief oder gar andersartig als das zweier Christen, die nebeneinander auf der Kommunionsbank knien. Wir alle sind Teil des *eisernen Leibs Christi* und ihm auf Leben und Tod ausgeliefert.

Ethik: Man dient Gott, wenn man Flugzeuge baut, telefoniert, eine Kanone abschießt, fernsieht, den Ofen anzündet, Aspirin schluckt, seine Arbeit tut.

Eschatologie: Was seine Grenzen überwindet, tritt in die Unsterblichkeit ein. Im »neuen Leib« entflieht der verbesserte Mensch dem Tod, indem dasjenige entflieht, was sterblich ist. Sein Sterben ist kein Ereignis mehr.

Zum Schluß habe ich noch die traurige Pflicht, auf den tragischen Umstand hinzuweisen, daß Gott am Sonntag nicht existiert. Hat sich denn noch nie jemand gefragt, was es mit diesem unbarmherzigsten aller Tage auf sich hat, diesem Abgrund, dieser Mißgeburt des Leviathan, dieser Kloake aller Kinderängste, dem Arschloch der Woche? An diesem siebenmal verfluchten Tage ist der größte Teil des Corpus Novum außer Kraft gesetzt, ein paar Gasfabriken und Elektrizitätswerke ausgenommen. Etwas Barbarischeres als die Welt am Sonntag ist nicht denkbar. Kein einziger Gott existiert. Ein Mystiker würde am Sonntag seiner unio mystica einfach nicht teilhaftig werden können. Ratlos, getrennt voneinander durch das strotzende Nichts, sind die Menschen an diesem Tag zu allem imstande; Sport wird nicht mehr lange helfen; auch was mich selbst betrifft, kann ich sonntags für nichts einstehen. Man müßte alle Fabriken sieben Tage in der Woche arbeiten lassen, darin liegt die Lösung, jeder Fabrik-, Laden- und Büroangestellte müßte an einem jeweils anderen Tag freihaben.

Aber wie immer wird niemand auf mich hören. Ich werde mich also wieder verkriechen. Damals, als in den Niederlanden der Krieg langsam zu einem endlosen Sonntag wurde und Gras zwischen den Pflastersteinen wuchs, über die einmal am Tag ein rauchendes, mit Holz befeuertes deutsches Auto fuhr – damals habe ich begriffen, was Sonntag bedeutet.

Zur Hölle mit dem Sonntag, wo er hingehört! Jeder Tag *unio technica*!]

VIERTES HEUTE (1944)

7 Uhr. – Ich wache auf von K.V.K.s Marschieren durch sein Zimmer. Etwas später höre ich ihn auf der Treppe. Es ist Montag. Ich starre ins Dunkel. Auf dem Trottoir vor dem Haus steht ein Vierertandem: Darauf sitzen drei bekannte Radrennfahrer mit kurzen Hosen und weißen Mützen auf dem Kopf; sie sind soeben aus Amsterdam hergeradelt, den Ausweis bei sich, den K.V.K. ihnen besorgt hat: Es sind die einzigen Radrennfahrer in den Niederlanden, die noch trainieren dürfen. Die Vordertür fällt ins Schloß. Im schwarzen Wintermantel mit weißseidenem Schal durchquert K.V.K. den Vorgarten, lüpft würdevoll seinen Eden-Hat und setzt sich ungeschickt auf den hintersten Sattel, dessen zugehörige Pedale abmontiert sind. »Fertig, Herr Mulisch?« fragt der vorderste Fahrer – und da stieben sie auch schon mit K.V.K. die Straße hinunter, nach Amsterdam, in sein Büro.

Ich bin wieder eingeschlafen.

8 Uhr. – Frieda weckt mich mit zwei klebrigen Melassebroten und einer Tasse Ersatzkaffee.

»Gehst du heute wieder nicht zur Schule?«
»Kümmere dich um deinen eigenen Kram.«
»Wenn ich das dem Papa erzähl –«
»Ja, dreckiger Scheißmoff, geh nur zur Gestapo.«

Aus einer Art schwarzem Heu drehe ich mir eine Zigarette und denke nach. Seit drei Wochen schwänze ich ununterbrochen die Schule, alles zusammengenommen bin ich in diesem Jahr von zehn Tagen vielleicht an zweien in der Schule gewesen – meine Verzweiflung darüber kann ich nicht einmal mehr vor mir selber verhehlen. Nicht aus einem Schuldgefühl heraus, sondern weil ich nun nicht mehr weiß, wie auf diese Weise aus mir noch ein großer Forscher werden soll. Wie kann ich das vereinbaren mit meinem Ekel vor den stumpfsinnigen, seelenlosen, verräterischen, den Tod verdienenden Lehrern mit ihren Gelatine-Augen und den falschen Krawatten? Oh, wie sehr gönne ich ihnen diesen Krieg, und den Hunger, der sich langsam in ihren Gesichtern abzuzeichnen beginnt. Wie sehr hasse ich alles, was erwachsen ist, mit einigen wenigen Ausnahmen: Rutherford, Bohr, Langmuir...

Meine Augen wandern zum Bücherregal und bleiben an einem Wort hängen:

Chemie

Ich wende meinen Blick nicht mehr ab. Es ist das *Wort*, das mich fasziniert: das *Che* in Beziehung zu dem *ie* am Ende, das *m* in seinem Verhältnis zum *Che*, die Stellung jedes einzelnen Buchstaben, die Kombination der Zeichen. Es ist etwas anderes als *Mechie*, oder *Emiche*, oder *Ichmee* oder *Hemeci*. Es ist ein Wort von vollendetster Schönheit: *Chemie*. Mein Herz schlägt heftig, alles wallt wieder in mir auf. Ist es möglich, die verlorene Zeit noch aufzuholen? Oben befindet sich mein Labor, ein Jahr lang bin ich nicht dort gewesen – ein Jahr, das mich meine Ratlosigkeit vergessen ließ, da ich hinter Mädchen mit wollenen Strümpfen her war, zu altmodischem Jazz tanzte und phantasierte, ich wäre ein englischer Soldat, der während des Hauptfilms mit einer

Maschinenpistole vor der Leinwand erscheint und sagt: »Folks, you are liberated. Alle Deutschen und NSBler, Hände hoch!«

Ich springe aus dem Bett. Alles aufholen! Ich fahre in meine Kleider und stopfe wie wild Bücher in meine Taschen. Ich bin noch nicht fertig damit, da renne ich schon, die Schlüssel in der Hand, den ganzen Weg zum Dachboden hinauf. Auf einer Tür steht:

Laboratorium
Prof. Dr. Dipl.Ing. H.K.V. Mulisch Esq.
Tür schließen
Bitte Ruhe!

Was war geschehen? Voller Entsetzen bleibe ich auf der Türschwelle stehen und schaue in den Raum. Die Zimmerdecke, der Tisch, die Retorten, die Bücher, meine Fossilien, alles ist überdeckt mit einer braunen, sich träge bewegenden Masse, die einen wunderlich sanften Singsang von sich gibt. Mit aufgerissenen Augen beuge ich mich vor. Mücken! Nur zehn fliegen im Zimmer herum, den Rest habe ich gestört bei einem wer weiß wie schwindelerregenden Gepaare und beim Sterben. Ein ganzes Jahr lang hat das Fenster offengestanden: windgeschützter Hafen für Mücken, die gegen Ende des Krieges zu Millionen aufsteigen aus den gefluteten Poldern rund um die Stadt.

Auf Zehenspitzen gehe ich hinüber und schließe das Fenster. Während die Mücken zu Hunderten aufschrecken, so daß ich Angst bekomme, von ihnen überwältigt zu werden, mische ich, schnaubend und und mich schlagend, eine Unze Schwefel mit Salpeter und entzünde das Gemengsel. Im dichten Rauch, der sich sofort ausbreitet, stürze ich zum Labor hinaus und verschließe die Tür.

9 Uhr. – Als ich das Klassenzimmer betrete, erhebt sich Beifall. Vor der Tafel steht der Mathematiklehrer, kahlköpfig grinsend und ebenfalls applaudierend.

»Was verschafft uns die Ehre, Herrn Mulisch wieder in unserer Mitte zu sehen?«

Ich setze mich ohne zu antworten auf meinen Platz.

»Hat Herr Mulisch in all den Wochen nicht mal Zeit gehabt, zum Friseur zu gehen?«

Die Klasse lacht. Ich lehne mich in meinem Stuhl zurück, schaue ihn an und sage im stillen zu ihm: Wenn du wüßtest, wen du vor dir hast, würdest du vorsichtiger sein. In diesem Augenblick beginnt in deiner Blase ein Krebs zu wachsen. Und zur Klasse: Ihr alle werdet einen schrecklichen Tod sterben.

»Dreh dich mal um. Du kannst dir ja hinten die Haare schon zur Rolle legen.«

Ich sage:

»Bei der SS sind sie genauso dagegen wie Sie. Warum sagen sie solche Dinge nie zu Piet Santing dort drüben? Dem sein Vater ist beim SD. Dazu haben Sie nicht den Mumm.«

Er schaut kurz zu Piet Santing hinüber, der ganz rot wird, und dann wieder zu mir. In der Klasse ist es totenstill geworden.

»Wenn Herr Mulisch so einen großen Mund hat, dann wollen wir Herrn Mulisch doch gleich mal drannehmen. Wo sind wir letzten Samstag doch wieder stehengeblieben?«

»Weiß ich nicht. Ich bin krank gewesen.«

»Wir haben keinen Entschuldigungsbrief deines

Vaters erhalten. Schwänzen gilt leider nicht. Komm mal an die Tafel und schreib den Differentialquotienten der Funktion f(x) für $x = x_1$ auf.«

»Das kann ich nicht.«

»Wie sichs trifft, so kann ich dir eine schöne, runde Sechs hinter den Namen setzen.«

10 Uhr. – »Vous, Henri, conjugez en conditionnel présent le verbe aller.«

»Ähm... je... j'allai... Im conditionnel sagten Sie? J'allerai... Moment! J'allerais, tu allerais, il alle – nein, ja doch, allerait...«

11 Uhr. – »Warum stimmte Talleyrand auf dem Wiener Kongreß für das Prinzip der Legitimität? Mulisch.«

12 Uhr. – »Sorry, madam, I have not the faintest idea.«

13 Uhr. – Noch bevor ich das Schulgebäude verlassen habe, weiß ich, daß ich nie mehr hierher zurückkehren werde. Zu Hause angekommen, habe ich schon einen Plan: Ich werde für das Staatsexamen büffeln, noch heute nachmittag fange ich damit an. Wenn ich will, kann ich in einem dreiviertel Jahr leicht schaffen, wofür sie auf der Schule zwei Jahre brauchen; kommenden Sommer werde ich dann das Examen ablegen und im Herbst bin ich auf der Universität. K.V.K. werde ich es ganz einfach so erzählen, er weiß natürlich schon längst, daß ich die Schule schwänze; doch wenn er sieht, daß ich es ernst meine, wird er damit einverstanden sein. Er hat übrigens mit nichts einverstanden zu sein.

Während ich zwei Melassebrote esse, mache ich eine Liste der kommenden Monate und verteile mit schneller Hand den Lehrstoff darüber. Gleichzeitig erstelle ich einen Tagesplan von 9 Uhr morgens bis 22 Uhr abends. Es wird ein hartes Stück Arbeit werden, und der Gedanke daran läßt mich vor Vergnügen erglühen.

14 Uhr. – Das Taschentuch vor die Nase gebunden, gehe ich ins Dachzimmer. Alle Mücken sind tot oder zumindest gelähmt. Ich reiße das Fenster auf und beginne mit dem Aufräumen. Nach und nach kommt mein Labor unter den zuckenden Kadavern zum Vorschein, und meine Verliebtheit in das Instrumentarium wächst von Minute zu Minute. Es hat sich viel verändert seit dem Dachzimmer von vor sechs Jahren, mit Senftöpfchen voller Soda und Kaliumpermanganat, wo ich, ohne auf dem Markt auch nur ein einziges geheimnisvolles Buch gefunden zu haben, schließlich ganz für mich allein kleine Explosionen und andere possierliche Reaktionen hervorrief. Hier [in dem vierten Haus] entstand eine prächtige Versuchseinrichtung mit Erlenmeyern, Maßkolben, Destillierkolben, Büretten, Mikroskopen, Luftpumpen, Elektrisiermaschinen und einem selbstgebauten Spektroskop, einer Bibliothek und weißen Ärztekitteln. Als Gründer und Vorsitzender des Chemischen-Jungen-Clubs (C.J.C.) führte ich hier, umringt von Assistenten, die mir die Chemikalien reichen mußten, meine Experimente durch. [Mir hat immer eine Art Genieclub vor Augen gestanden, ich wollte immer einer unter vielen sein. Einige meiner Helfer aus der ersten Stunde sind inzwischen Chemiker in Marmeladenfabriken geworden.]

Doch im Verlauf der Jahre langweilten mich die toten Stoffe mit ihren toten Reaktionen immer mehr. Von vielen gestorbenen Pflanzen wische ich jetzt Mückenleichen. Das letzte Jahr, in welchem ich hier oben gearbeitet hatte, war einem einzigen, ungelösten Problem gewidmet: dem Vergilben der Blätter im Herbst. Ich hatte entdeckt, daß es kein erhebenderes Schauspiel gab als die Verbindung einer Pflanze mit Instrumenten. Die Verschlingung eines lebenden, atmenden Organismus mit gläsernen Röhren, sinnvoll geworden in der Vereinigung mit dem Instrumentarium, die Wurzeln sichtbar in einer kristallhellen Nährlösung, das erregte mich wie später nur noch weniges. Ich puste die Mücken von einigen Blättern, die auf wunderlichste Weise grün geblieben oder gelb geworden waren: manche sind halb grün, halb gelb, denn mir war aufgefallen, daß ein Blatt unter Wasser nicht vergilbt; auf anderen Blättern hatte ich es nur einem Ornament in der Mitte vergönnt, grün zu bleiben: manchmal einem Stern, manchmal meinen Initialen, manchmal einem Hakenkreuz. Unter den Mücken erscheinen auch Stapel von Notizen, in denen ich mit den Strukturformeln von Chlorophyll und Blut herumtrickste, Magnesiumkerne durch Eisenkerne ersetzte, weil ich überzeugt war, Chlorophyll in Blut verwandeln zu können. Letztes Jahr piekste ich meine Assistenten regelmäßig mit einer Lanzette in die bereitwillig ausgestreckten Finger, um ihr Blut einem Prozeß zu unterziehen, analog demjenigen, durch den sich im Herbst bei Pflanzen das Chlorophyll in Karotin verwandelt: Die Farbe des Blutes müßte dann nicht Gelb werden, sondern (ebenso wie Rot die Komplementärfarbe von Grün ist) Violett. Hatten Tote nicht eine lila Zunge? Das hatte ich erst neulich wieder in der Stadt beobachten können, als nach den Hinrichtungen die Leichen den ganzen Tag über auf der Straße liegenbleiben mußten.

15 Uhr. – An die Arbeit für das Staatsexamen! In übersichtlichen Stößen stapeln sich die Bücher vor mir auf dem Schreibtisch in meinem Schlafzimmer. Heute nachmittag werde ich Geometrie, Goniometrie, Physik, Erdkunde, Englisch, Deutsch und Niederländisch machen. Ich nehme mir vor, weder Rechenaufgaben noch Übersetzungsübungen zu lösen, denn wenn ich erst einmal Theorie und Grammatik begriffen habe, kann ich das andere automatisch. Nachdem ich ein paar Minuten im Geometriebuch gelesen habe, beschließe ich, doch zuerst mit Deutsch anzufangen. Auf die Reihenfolge kommt es ja schließlich nicht an. Es muß nur getan werden. Sofort gerate ich ins Phantasieren.

Eine unüberschaubare Menschenmenge wartet vor der Ortskommandantur. Auf dem Trottoir steht eine Kolonne englischer Militärwagen. Ich befinde mich im Gebäude, in der nonchalanten Felduniform der Generäle, und stelle dem Kommandanten meine Forderungen. Ich schlage ihm mit meinem Offiziersstock ins Antlitz, so daß er ein paar Zähne ausspuckt. Danach verlasse ich die Kommandantur und gehe hastig zum vordersten Wagen. Erst jetzt, während dieser wenigen Sekunden, erkennt mich die Menge und rast vor Erregung. Doch ich lächle nur traurig und bin schon weg. Mit gellenden Sirenen durch den stillen Wald rasend, ziehe ich einen meiner schweinsledernen Handschuhe aus und stecke mir gelassen eine Gold Flake an...

... die Kellnerin aus der Eisbar äugelt mir zu und geht hüftwiegend nach hinten, ich folge ihr nach, und da zieht sie sich schon aus; während sie sich vor dem Spiegel die Haare kämmt, bespringe ich sie von hinten... aber dann verwandelt sie sich plötzlich in eine Frau, die ich gestern in einem Laden gesehen habe; ich gehe mit ihr nach Hause, wo wir auf der Stelle übereinander herfallen... jetzt ist sie zu einer drallen hochdeutschen Maid in grauer Uniform geworden, die ich einmal in den Dünen beobachtete, als sie sich dort mit einem Polizeibeamten paarte; zwischen den Brombeeren überwältige ich sie...

16 Uhr. – Mit wackligen Knien und einem schweren Kopf gehe ich durch den Wald in die Stadt. Was um Himmelswillen soll ich bloß tun? Ach könnte ich doch nur Widerstandskämpfer werden. Es fällt ein leichter, kalter Regen. Etwas weiter hinten ist der Himmel blau. Überall ist es still, nirgends das Geräusch eines Autos oder einer Straßenbahn; nur Frauen und Kinder sind auf der Straße.

Als ich die Stadt betrete, immerzu darauf bedacht, daß nicht irgendwo in der Ferne oder in den Seitenstraßen gerade eine Razzia im Gange ist, fangen die Sirenen an zu heulen. Als es wieder still wird, hört man schon die Flugzeuge und die Abwehrgeschütze. Niemand stört sich daran, nur ein paar deutsche Soldaten stellen sich hier und da in Haustürnischen und zünden sich eine Zigarette an. Etwas später, in funkelnden Sechsergruppen, erscheinen im hellen Teil des Himmels die Fliegenden Festungen über den Dächern, begleitet von kleinen schwarzen Wolken, die fortwährend um sie herum entstehen. Gegen einen Laternenpfahl gelehnt, schaue ich nach oben: Da fliegt sie, eine andere, hellere, unerreichbare Welt. Als über hundert zu sehen sind und die ersten schon wieder im stahlblauen Himmel verschwinden, aus dem es immer noch leicht regnet, hören die Abwehrgeschütze zu rattern auf und die Formation fällt auseinander: Einige der Grüppchen schwenken nach links, andere nach rechts, andere wieder kehren um, – und ich begreife sofort, daß etwas Schreckliches geschehen wird. Da sind sie auch schon: zahllose Messerschmitts, nicht größer als Mücken, die sich plötzlich, wie aus dem Nichts gekommen, taumelnd zwischen den Bombern umhertummeln. Monatelang war keine einzige zu sehen gewesen, Tag und Nacht zogen die Geschwader ungestört zu den deutschen Städten. In einer Spirale schwarzen Rauches torkelt der erste Amerikaner in die Tiefe. Zwei Fallschirme hängen in der Luft – ich weiß, daß acht Mann in eine Maschine gehören. Eine Minute später ist das Gemetzel vollkommen. Überall bersten Flugzeuge auseinander, Amerikaner und Deutsche, fünf, sechs, acht, aus der Tiefe des Himmels dringt das leise Pochen der Bordkanonen, in allen Richtungen hängen Fallschirme am Himmel, aus blauen Wolken segelt ein abgebrochener Flügel wie ein Herbstblatt herab, und plötzlich nähert sich hinter den Dächern ein ohrenbetäubendes Geratter: Als ich im Rinnstein liege, saust eine brennende Messerschmitt in nicht mehr als zwanzig Metern Höhe über die Straße, aus allen Gewehren feuernd – etwas später ertönt der Schlag, mit dem sie weiter unten an den Häusern zerschellt.

Kurz darauf ist der Himmel auf einmal leer, hinter der Kirche verschwinden die letzten Fallschirme. Alle, die Deutschen mit trampelnden Stiefeln voneweg, rennen in Richtung des Einschlags. Mit Tränen der Wut in den Augen stehe ich auf. Diese Schufte! Amerikaner niederzuschießen! Könnte ich nur etwas tun, etwas tun, etwas tun ...

17 Uhr. – In der Dämmerung betrete ich das Antiquariat. Wie jeden Tag um diese Zeit steht der Buchhändler mit ein paar Kunden plaudernd vor dem Kachelofen, der nicht brennt. Einer von ihnen ist ein Hochschullehrer, die anderen kenne ich nicht; auch ein Arbeiter ist dabei. Sie nicken mir zu, und hinter einem Bücherschrank lasse ich wenig später eine Biographie großer Chemiker unter meinen Mantel gleiten: mehr aus Gewohnheit, als weil ich sie haben wollte. Niemand aus der langweiligen Runde sieht herüber, sie sprechen gedämpft miteinander. Als ich gehe, nicken sie wieder.

[Nach dem Krieg werde ich erfahren, daß sie allesamt Topleute des Widerstands waren. Der Ofen steckte voller Pistolen.]

18 Uhr. – »Eines Tages kommt Hitler nach Amsterdam, und alle sollen Tag Hitler sagen. Einer sagt: Tag Hiller. Hitler geht auf ihn zu und sagt: Ich heiße Hitler, mit einem t. Da gibt ihm der andere die Antwort: Wir keinen Tee, Du auch kein t.«

Wir brüllen vor Lachen. Ein anderer beugt sich vor und flüstert:

»Kennt ihr den? Hitler sitzt mit Goebbels in einem Flugzeug und muß kacken. Wohin aber? fragt er Goebbels. Machs nur in deine Mütze, sagt Goebbels, und die wirfst du dann aus dem Fenster. Am nächsten Tag steht in der Zeitung: Hitler umgekommen. Mütze mit Gehirn gefunden.«

Wir werfen uns in unseren Stühlen zurück und platzen fast. Das Lokal ist groß und dunkel; Fahrradlampen, mit großen Zwischenräumen an Drähten befestigt, die von einer zur anderen Seite gespannt wurden, lassen es noch größer erscheinen. Auf dem Podium, im Dunkel beinahe nicht auszumachen, spielt eine ungarische Kapelle; der Primas geht geigend zwischen den deutschen Offizieren hindurch, die sich mit Frauen und Mädchen auf den Bänken vergnügen.

»Hascha, paitasch! Schwarzer Kanarie mit roten Socken an!«

Wir stecken die Köpfe zusammen. Die Jungs sind älter als ich und mischen beim Schwarzhandel mit; ich werde nur geduldet an ihrem Tisch bei der Hintertür. Kaum, daß ich ihre Namen kenne. Mager, in zu weiten, abgetragenen Kleidern, rauchen einige noch echte Consis, vier Gulden das Stück. Ich nehme mir vor, noch heute abend Geld zu beschaffen.

Aus dem Dunkel taucht noch ein Junge auf.

»Leute, gute Neuigkeiten.« Er drängelt sich zwischen uns und flüstert: »Machielse hat es an der Ostfront erwischt.«

Wir schauen einander an.

»Klasse!«

»Das ist für Ben.«

Ben war einer aus unserer Runde; vor ein paar Wochen ist er während einer Razzia auf der Flucht erschossen worden. Machielse, ein bekannter Faschist in der Stadt, ist voriges Jahr zur SS gegangen und kurz danach zur Ostfront abgereist. Als ich zu Beginn des Krieges rotweißblaue Schleifen im Knopfloch trug, hat er mir einmal befohlen, sie abzunehmen; und als ich mich stolz weigerte, bot er mir fünfzig Cent dafür. Ich gab sie ihm, nahm die fünfzig Cent, und er stampfte mit seinem Stiefelabsatz das patriotische Symbol auf der Straße in den Staub. Daraufhin habe ich für fünf Cent neue Schleifen gekauft und für fünfundvierzig Cent Schokolade, denn der Feind muß übervorteilt werden. In memoriam Machielse erzähle ich diese Geschichte, aber sie findet wenig Beachtung. Ich allerdings kann mit Lachen nicht mehr aufhören.

»Hascha! kein Papa, kein Mama, kein Whisky Soda! Aaaaah...«

Durch die stille, dunkle Stadt gehe ich nach Hause. Auf halbem Wege, am Rande des Waldes, sehe ich vor der Ortskommandantur einen Lastwagen halten und dann ein Hin- und- Hergelaufe, Licht von Taschenlampen und Geschrei.

»Raus, raus, raus! Dalli, dalli!«

Ich zögere. Schritt für Schritt trete ich näher.

»Wird's bald? Get out of the car, ihr Schweine!«

Ein Schauder läuft mir über den Rücken – sofort und so schnell ich kann, renne ich hin. Bevor ein Kerl der Grünen Polizei mich wegjagen kann, habe ich sie gesehen: Wie sie im Dunkeln aus dem Lastwagen springen und in die Ortskommandantur hineingestoßen werden, in dicken, wattierten Anzügen, in Pelzstiefeln, manche mit blutigen Gesichtern. Ich stehe mit krampfhaft gespreizten Fingern, mein Herz schlägt, als ob es zerspringen wollte – es gibt für sie nur ein einziges Wort: *Erzengel*.

19 Uhr. – Das Vierertandem biegt in die Straße, und schwitzend über die Lenker gebeugt, fahren die Radrennfahrer sogleich wieder los, um vor 20 Uhr, Sperrzeit, in Amsterdam zurück zu sein. Als K.V.K. den Vorgarten durchquert, bin ich mit meinem Teller Schweinefraß schon auf dem Weg nach oben. Es riecht nach frischgehacktem Holz, das auf dem Flur zum Trocknen aufgestapelt liegt; mit einem Nachbarsjungen habe ich gestern abend den letzten Baum in der Straße umgesägt. In meinem Zimmer lasse ich die Verdunkelung herunter, stecke eine Carbidlampe an, schmettere den übersichtlichen Stoß Schulbücher in eine Schublade, trete sie mit dem Fuß zu und schlürfe die Brühe, die von der Garküche um die Ecke heute ausgegeben worden ist. Während ich etwas später die Karten überarbeite, die um mich herum an den Wänden hängen – nur die von Deutschland ist noch im Gebrauch: die von Rußland, dem Balkan, Nord-Afrika, Italien und Frankreich sind schon vollständig rot –, kommen nach und nach meine Freunde und Freundinnen aus der Nachbarschaft mit Gitarren und Schallplatten herein.

20 Uhr. – Zwischen den Ammoniten und den Belemniten scheppert das Koffergrammophon, beim ebenso schwachen wie blendenden Licht der Carbidlampe wird getanzt. Ich sitze in meinem weißen Kittel an meinem Arbeitstisch mit der Glasplatte und kehre ihnen den Rücken zu. Ich weiß selber nicht, was ich gerade tue. Ich ordne die gelbgewordenen Blätter, betrachte die Retorten und die Instrumente. Etwas ist verschwunden. Es hat sich ein Raum aufgetan zwischen mir und den Dingen, eine Leere, die ich nicht mehr überbrücken kann. Ich bin es nicht mehr selbst. Es ist, als sähe ich die Apparatur zum ersten Mal – und ich finde sie schön. So schön [für den Rest meines Lebens], daß ich gar nicht mehr das Bedürfnis habe, etwas damit anzufangen. Die Pipette, der Extraktionskolben, sie sind schön, so wie sie sind, in ihrer Reglosigkeit: ein Kunstwerk.

21 Uhr. – Hinter mir liegen sie auf dem Boden und unterhalten sich und knutschen und singen amerikanische Songs, deren Texte wir unter Lebensgefahr von Radio London aufgeschrieben haben:
> *Grab your coat and get your hat,*
> *Leave your worries on the doorstep,*
> *Life can be so sweet*
> *On the sunny side of the street.*

Ich habe mich noch immer nicht gerührt. Auch das ist also vorbei. Chemie ist Vergangenheit geworden. In dem Augenblick, als das zu mir durchdringt, bricht mir am ganzen Körper der Schweiß aus. Die Zukunft, in der ich dies und das und was noch alles tun sollte, ist in einer Sekunde verschwunden, und da sitze ich nun: mit leeren Händen, aber innerlich voller Ehrgeiz, Aggressivität, Kraft, die plötzlich nirgendwo mehr hin können und mir schweißkalt und salzig aus den Poren treten. Ungefähr weiß ich es. Ich bin vollkommen ratlos – aber ebenso vollkommen ist der Gedanke, daß ich mich nicht in mir selbst geirrt habe. Ich, der ich ich bin und immer sein werde, wie sollte ich nicht etwas völlig Einzigartiges sein, etwas, das es noch nie gegeben hat und auch nie mehr geben wird! Und vielleicht ist beides das gleiche, die Ratlosigkeit und die Sicherheit ...

Als ich aus dem schimmernden Krampf erwache, ist es dunkel im Zimmer. Überall auf dem Fußboden ein Scharren und Kichern, die Flamme der Carbidlampe ist so klein wie eine Nadelspitze.

»Ich schau mal, ob ich unten noch irgendwo einen Kerzenstummel auftreiben kann.« Mit meinem Fuß ertaste ich mir einen Weg zwischen den Körpern.

»Aha! Der Meister ist wieder zu sich gekommen.«
»Von mir aus kannst du es ruhig so lassen.«
»Mehr Licht, sagte Goethe.«
»He, keine toten Sprachen bitte.«
»Ich geh mal eben mit dir mit.«
»O. k.«

Mit dem Mädchen an der Hand schiebe ich mich tastend über den Dachboden und die Treppe hinunter. Ich flüstere:

»Sei ein bißchen still, wegen meinem Vater.«

Im stockdunklen Schlafzimmer stelle ich Vermutungen darüber an, wer sie sein könnte. Ich kann auch keine Streichhölzer finden. Wir befühlen den Schreibtisch, den Tisch und die Stühle ... doch sehr bald nicht mehr den Schreibtisch, den Tisch und die Stühle.

22 Uhr. – Gerade als wir unsere Kleider wieder in Ordnung gebracht haben, kommen die anderen die Treppe des Dachbodens heruntergepoltert. Auf dem Flur fange ich sie ab.

»Seid ein bißchen stiller, wegen meinem Vater.«

Er ist schon in seinem Schlafzimmer. Wir halten einander bei den Händen und schleichen uns hinab. Als ich die Küchentür öffne, sitzt Frieda mit verschränkten Armen im Dunkeln.

»Totschießen werden sie euch noch.«

Mit kurzen Zwischenpausen lasse ich meine Gäste durch die Hintertür nach draußen. Wie Ratten verschwinden sie in der Nacht. Meine Braut von eben ist die letzte. Auf dem Rasen legt sie mir die Arme um den Hals und flüstert:

»Wiedersehen, Liebling.«

»O Gott«, sag ich und betrachte sie im Licht des Sternenhimmels.

»Was ist denn, Schatz?«

»Nichts«, sage ich und küsse sie. – Ich hatte sie für ein anderes Mädchen gehalten. Aber die hier war auch gut.

23 Uhr. – Die Speichertreppe knarrt: Frieda geht schlafen. Im Dunkeln liege ich auf meinem Bett und warte. Als ich ihr Bett über meinem Kopf quietschen höre, gehe ich auf Strümpfen nach unten. Mit einem Streichholz leuchte ich in den Brotkasten. Von dem Viertellaib, der dort liegt, schneide ich ganz vorsichtig eine dünne Scheibe ab; wenn ich nicht aufpasse, fällt alles auseinander. Ich schmiere Melasse drauf und stopfe alles auf einmal in meinem Mund. Sorgfältig beseitige ich die Krümel.

Oben auf dem Flur horche ich eine Weile an K.V.K.s Tür. Stille. So langsam wie möglich drücke ich die Klinke der Badezimmertür herunter, öffne sie einen Spaltbreit und lasse sie ebenso langsam wieder los. Weil ich alles beizeiten öle, quietscht nichts. Auch meine eigene Tür lasse ich einen Spaltbreit offen und lege mich zur Sicherheit noch für eine halbe Stunde wartend aufs Bett.

24 Uhr. – Mit pochendem Herzen stehe ich auf, ziehe mich aus und schlüpfe in meinem Unterzeug auf den Flur. Etwas später stehe ich auf dem Steinboden im Badezimmer, wo es nach Tosca riecht, sein Eau de Cologne. Während der fünf Minuten, die ich horche und warte, bis mein Keuchen nachläßt, dringt eine versteinernde Kälte durch meine Socken. Ohne Knarrgefahr mache ich zwei Schritte zur Zwischentür: Sie ist nicht ganz offen wie sonst, aber immerhin einen Spaltbreit. Wieder horche ich; durch den Spalt kann ich jetzt seine ruhigen, tiefen Atemzüge hören. Er schläft. Eine Minute lang überlege ich, wie ich die Türe anfassen soll. Besser nicht an der Klinke, ich kenne sie nicht. Vorsichtig stecke ich meine Hand durch den Spalt, umfasse mit meinen Fingern fest das Holz, hole tief Luft und öffne die Tür mit einer kurzen Bewegung um zehn Zentimeter. Es ging geräuschlos. Sein Atem hat sich nicht verändert. Aber jetzt ergibt sich eine neue Schwierigkeit. Beim vorderen Fenster des Schlafzimmers sind die Vorhänge nicht ganz vorgezogen, beim Fenster neben dem Bett dagegen schon. Ich stünde also einen Augenblick lang im Licht der Sterne, deutlich genug, um sofort gesehen zu werden, falls er erwachen würde. Ich überlege ein paar Minuten – ich war nun einmal hier, und er schläft fest. Oder tut er nur so? Selbst geräuschlos mit offenem Mund atmend, lausche ich wieder minutenlang. Plötzlich schmatzt oder schluckt er kurz. Das kommt mir so authentisch vor, daß ich den Kopf durch den Spalt stecke, prüfe, ob etwas hinter der Tür steht, und sie mit einem schnellen Ruck weit genug öffne, um meinen Körper hindurchzuschieben. Nun folgt der gefährlichste Teil meiner Unternehmung. Ich strecke den linken Fuß aus, setze die Zehenspitzen auf den Zimmerboden und beginne äußerst behutsam, das Gewicht meines Körpers zu verlagern. Dies dauert etliche Minuten. Währenddessen war kein Geräusch zu hören gewesen. Jetzt stehe ich im Licht. Langsam, ich strecke dabei die Zunge heraus, ziehe ich das rechte Bein nach. Alles ist jetzt lebensgefährlich. Ich stehe mit beiden Füßen in seinem Zimmer, auf verräterischem Holz. Vage kann ich sein Bett erkennen, von ihm aber nichts. Ich vermeide es, in Richtung seines Kopfes zu schauen, um ihn nicht durch meinen Blick zu wecken. Überall ist sein Atem. Ich hebe erneut meinen linken Fuß – im selben Augenblick knarrt das Holz unter meinem rechten. Ich warte. Die Spannung in meiner Brust nimmt Formen einer vernichtenden Müdigkeit an. Noch langsamer als den ersten Schritt vollführe ich den zweiten. Weil ich fast nackt bin, raschelt nichts an mir. Ich stehe wieder im Dunkeln, und nun rieche ich ihn. Er ist entsetzlich anwesend, und wie nah ich ihm bin! Für den letzten Schritt brauche ich fünf Minuten. Dann bin ich so nah bei ihm, daß ich durch die Bettdecke hindurch die Wärme seines Körpers auf meiner Haut zu spüren glaube. Meine Hand findet den Stuhl, über dem seine Jacke hängt. Hilflos, die Finsternis, sein Atmen, seine Wärme über meinem ganzen Körper, sucht meine Hand Zentimeter um Zentimeter den Weg zur

Innentasche. Als ich die glatte, lederne Brieftasche fühle, höre ich plötzlich sehr hoch das leise Summen eines englischen Flugzeugs. Ich erstarre. Wenn es jetzt einen Luftalarm gibt, bin ich verloren. Ach zum Teufel, denke ich, zum Teufel damit. Es geschieht nichts. Als ich die Brieftasche hervorziehe, bekomme ich vor lauter Anspannung eine Erektion und sofort ist mir, als ob er mich beobachte. Ich wage mich nicht mehr zu bewegen und versuche, mit den Augen das Dunkel zu durchbohren. Dann seufzt er plötzlich und dreht sich um. Ich nutze das Geräusch, um in zwei schnellen Schritten bei der Tür zu sein. Unmittelbar darauf bin ich im Badezimmer – doch jetzt höre ich im Zimmer unverständliche Worte und ein erbärmliches Gestöhne, das Angst ist, sein Bett quietscht wieder. Mit vor lauter Erbärmlichkeit hervorquellenden Augen stehe ich auf dem Steinboden und horche. Jammervoll geseufzte und gestöhnte Worte dringen durch die Finsternis zu mir herüber, und ich weiß, was es ist: der Erste Weltkrieg, 1916, er wird wieder unter Trümmern begraben, vier Tage und vier Nächte ...

Todmüde überprüfe ich in meinem Zimmer beim Licht einer Kerze, wie ich die Brieftasche in der Hand halte: wie immer, die Öffnung nach vorn, das Fach mit der Lasche an der Innenseite. Beim Anblick des Geldes erschaudere ich. Es sind mindestens zweitausend Gulden. Ich wähle mit Sorgfalt verschiedene Banknoten, im ganzen hundertundfünfzig Gulden. Das reicht in jedem Fall für ein Päckchen Ukraina vom Schwarzmarkt, die Zigarette der SS; letzte Woche habe ich hundert Gulden dafür bezahlt. Als ich die Brieftasche wieder schließe, kann ich es nicht unterlassen, sie noch einmal zu öffnen und weitere dreißig Gulden herauszuholen. Dann nehme ich sie richtig herum in die Hand und gehe zurück.

Skizze einer Einleitung zu einer grundlegenden Untersuchung der hermetischen Ursprünge des Bram Vingerling

Unsere Ahnen, die Alchemisten...
MALLARMÉ

Wie sehr war ich zum zweiten Male auf dem falschen Weg gewesen! So wie ich früher ein Flugzeug gebaut habe und mich dabei nicht von aerodynamischen Vorurteilen befreien konnte, so war ich nun mit meinen Experimenten in die Sackgasse der Wissenschaft geraten. Ich hatte völlig vergessen, daß ich unsichtbar werden wollte. Was wußte ich noch von Bram Vingerling? Bestenfalls erinnerte ich mich an ihn als an den kindlichen Anfang einer naturwissenschaftlichen Karriere. Aber daß ich nicht schon seit Jahren Prof. Dr. Dipl. Ing. der Chemie bin, beweist wohl, daß Bram Vingerling mich nicht vergessen hatte. Denn es war nicht die Chemie, die Bram Vingerling unsichtbar werden ließ. O Bram Vingerling! Nicht Berzelius, Avogadro, Mendelejew war Bram Vingerling, nicht einmal Bohr, Rutherford oder Langmuir. Wer aber war Bram Vingerling? Ich will es offenbaren:
Hermes Trismegistus
In wie vielen Scheingestalten war er in der Geschichte nicht schon aufgetaucht! Im fünften Jahrhundert noch als Megist Ophiel, die Große Schlange:

Mephistopheles. Nachkomme von Thoth, Mondgott, Augenheiler und Erfinder der Hieroglyphen: Hermes Trismegistus, der Vater der hermetischen Wissenschaften, war der ägyptischen Finsternis entstiegen und mir und mir allein erschienen in der Gestalt eines populären Jugendbuchhelden. Abrahamus Vingerlingius, *magister omnium physicorum*, der Meister der Verwandlungen. Einen Spaltbreit hatten sich die hermetisch verschlossenen Tore für mich geöffnet, und als ob ich die Geschichte der Wissenschaft selber war, hatte ich sie nahezu unmittelbar darauf wieder zugeworfen. Denn nicht Chemie war es, was Vingerling betrieb, denn durch diese ist noch nie jemand unsichtbar geworden, – es war nur eines:

Alchemie

Sie und nur sie ist die göttliche Kunst der Transmutation. Der Gedanke der Metamorphose stammt aus Memphis: Thoth selbst, die »Zunge von Ptah«, verwandelte sich in sein Attribut, den Ibis, *threskiornis aethiopica*. In Brehms *Tierleben*, schon immer eine unentbehrliche Hilfe in Religionsfragen, steht, daß er seinen unpraktischen Schnabel äußerst geschickt handhabe; und im Amsterdamer Zoo Artis, wo ich öfter theologische Studien betrieb (Christentum, im Aquarium), habe ich inmitten von Kindern eine Stunde lang den Gott geschaut. Tatsächlich handhabte er seinen unpraktischen Schnabel äußerst geschickt. Es war geradezu die Definition von Begabung. Die Sonne brannte mir auf den Kopf – auf einem Fuße stand er da, mitten in Amsterdam, Hermes der Dreifachgrößte.

In Siena sah ich ihn zum zweiten Male. Ich stand im Hauptportal des Domes, und links und rechts von mir erstreckten sich in zwei Reihen Marmormosaike von je fünf lebensgroßen Sibyllen durch das halbmaurische Hauptschiff: die lybische, die hellespontische, die phrygische, die athenische, die tiburtinische, die persische, die eritreische, die cumanische, die cumaeische und die delphische Sibylle. Die Prophezeiung des Heraklit war in Erfüllung gegangen: »Die Sibylle, die mit rasendem Munde Ungelachtes und Ungeschminktes und Ungesalbtes redet, reicht mit ihrer Stimme durch tausend Jahre. Denn der Gott treibt sie.« Kanonisiert durch Augustinus waren die heidnischen Grottenprophetinnen in die Christliche Kirche eingedrungen, Michelangelo malte sie an die Decke der Sixtinischen Kapelle, und hier lagen sie am Boden, und alle Päpste schauten vom Dachgesims auf sie nieder, selbst Stephanus VI. Und auch ich – aber dann sah ich, direkt vor meinen Füßen, beinahe stand ich darauf... Ich konnte meinen Augen nicht trauen.

Er war es. Er selbst: »*Hermes Mercurius Trismegistus.*« Da stand es. Ich sah einen riesigen, ausgezehrten, uralten Mann. Auf seinem Kopf trug er einen hohen, mit Pelz verbrämten Hut in der Form einer Tiara; sein dünner Bart wallte über ein weites Gewand, das ein breiter Gürtel raffte, von dem ihm, wiederum in einem Bogen, ein Strick mit geheimnisvollen Quasten bis über die Knie herabhing. Überlange Arme reichten einem kleinen, untertänigen Mann mit Turban ein Buch – Abu Moesa Djâbir Ibn Hayyan alias Geber? Hinter diesem halb verborgen stand eine dritte Figur, ob Mann oder Frau das war nicht auszumachen; vielleicht lebte sie gar nicht, auch wenn ihre Augen offen waren. Ich aber schaute nur auf das Gesicht von Hermes. Von Ausdruck konnte darin keine Rede mehr sein. Er hatte den »Ausdruck« eines Berges oberhalb der Schneegrenze – der Gipfel des Sankt Gotthard: eine eiskalte, unmenschliche Fläche tropfender Felsen, mit hier und da ein paar nassen Schneeflecken auf den Abhängen. Als ich so dastand, an meinem Geburtstag, zitternd in meinen Sommerkleidern, ist in mir (so glaube ich wenigstens) eine Verwandlung vorgegangen. Es war, als ob ich nackt und klar vor mir sah, was ich bisher im Kern jeder heftigen Gefühlsregung, war dies nun Glück, Angst, Wut, Rührung oder Wollust, immer nur vermuten konnte – und zugleich im Kern bestimmter Geschehnisse, an denen ich teilhatte oder von denen ich wußte: Der *Erklärung der Menschenrechte* während der Französischen Revolution, dem Tod Hitlers, der Niederschrift der *Elemente* durch Euklid, einem Jongleur im Zirkus. Eben das – das tropfende Hochgebirge – sah ich hier wieder im Gesicht des Hermes Trismegistus in Siena.

Wie in Gottes Namen war *er* in die Kirche gekommen? Er, der Erzverwandler, an der Spitze der Sibyllen, von dem die Gemeinde auf dem Mosaikboden singt:

> *Dies irae, dies illa*
> *Solvet saeclum in favilla*
> *Teste David cum Sibylla.*

»Das meist schwarzerdige Aegypten nennen sie, wie das Schwarze im Auge, *chèmia*, und vergleichen es mit dem Herzen, denn es ist warm und feucht.« (Plutarch, *Über Isis und Osiris*.) *Kême* ist, wie man sich erinnern wird, das altägyptische Wort für

»schwarz«. Später gebrauchten die Alexandriner das Wort *chèmia* für metallurgische Praktiken, die Araber setzten ihren Artikel davor und importierten das auf diese Weise entstandene *alchymia* so um das achte Jahrhundert herum über Spanien nach Europa.

Mit Gold hatte die *alchemie* so gut wie nichts zu tun, dahinter ist inzwischen sogar die Psychologie gekommen. Beim echten *creator* war der technische Prozeß des Goldmachens, die *operatio*, zugleich eine Übung des Geistes. »So wisse denn, mein Sohn, daß diese Wissenschaft nichts anderes ist als die vollkommene Inspiration durch Gott« (Arnaldus Villanovus). Die *nigredo*, die »Schwärze«, ist bei diesem Prozeß Anfangszustand sowohl des Experimentiergebräus als auch des Experimentators, des Objektes wie des Subjektes, und das Endergebnis wird minder häufig Gold (»Aurum nostrum non est aurum vulgi«) als vielmehr Philosophisches Ei, Großes Elixier, Arkanum oder Stein der Weisen genannt. Beide Prozesse vereint, oder besser noch: ungeschieden, nennt man: das *magnum opus*.

Nicht nur, um den Scheiterhaufen der Kirche zu entgehen, der gegenüber sie einen weitaus exklusiveren, wenn auch ketzerischen Heilsweg anzubieten hatten, mußten die Alchemisten sich dunkel ausdrücken, sondern auch weil bloße Worte hierbei nicht viel ausrichteten. Selbstverwandlung wurde durch Verwandlung der Materie bewerkstelligt, aber es bestand keine Terminologie für die »psychischen Parallelen« aller Stoffe, die dabei zu Hilfe genommen wurden; wobei hinzukam, daß die Arbeit mit der Materie Ausgangspunkt und Basis zugleich war. Dadurch entstand schon zur Hochblüte der Alchemie das Mißverständnis, es ginge ihr ausschließlich um das Goldmachen. Und bald, im Siebzehnten Jahrhundert, brach der Prozeß eines Tages endgültig entzwei, und zurück blieben einerseits okkulte Scharlatane, die noch nie ein Feuer entfacht hatten, um eine *mortificatio* vorzunehmen, und andererseits technische Scharlatane, die noch nie im Gebet vor ihren Ofen niedergekniet waren, Doublé für Gold ausgaben, zu Vätern der Chemie wurden und mich einige Zeit zu ihrem Gefolge zählen durften. *Adepten* waren alle beide nicht mehr.

Die Alchemisten waren die letzten und vermutlich die einzigen, auf die der moderne Vorwurf nicht zutrifft, daß »die Entwicklung des Geistes hinter der technischen zurückgeblieben sei«. Gewöhnlich wird er im Zusammenhang mit der Atombombe laut. Nun ist die Atombombe aber ein Produkt eben dieses Transmutationsprozesses, der es uns gegenwärtig ermöglicht, Gold zu machen: *Alchemistentraum wird wahr*, so lautete vor zehn Jahren eine (unsinnige) Schlagzeile. Hätte sich die »geistliche Übung« nicht von der technischen abgelöst, so wäre die Welt erst um das Jahr 1.000.000 zu diesen Resultaten gelangt. Die Wissenschaft wäre nie »exakt« geworden, und es gälte weiterhin auch für sie, was noch immer für die nicht-exakte Philosophie (und Literatur) gilt: Man kann nur entdecken, man kann nur tun, was man *ist* (oder nicht-ist). Auf diese Weise sich selbst überlassen, konnte das technische Denken allerdings ein beträchtliches Stück Weg abkürzen, indem es Formeln und Gesetze entdeckte, abstrakte Schöpfungen, die Quadrillionen von Experimenten überflüssig machten. Die Arbeit mit Formeln und Gesetzen ist dann auch das saubere Gegenstück zur Arbeitsweise der Alchemisten, deren Motto lautet: *obscurum per obscurius, ignotum per ignotius*: das Dunkle durch das Dunklere (»erhellen«), das Unbekannte durch das Unbekanntere. Es ist der Unterschied zwischen Denken und Tun (der auf analoge Weise die Psychologie von der Literatur trennt.)

Also: Wie kann der Mensch nun das gleiche Stück Weg abkürzen, um die Technik wieder einzuholen? Um diese selbst auch *sein* (oder nicht-sein) zu können?

Die Antwort liegt in Hiroshima.

Von dieser Art ist die »geistliche Übung« der Alchemie – und ein *artifex* kann sie sich bereits aus dem hübschen, obigen Zitat des Plutarch ableiten. Nimmt man dies zum Ausgangspunkt, um die Alchemie zu beschreiben, dann kommt man zuallererst zur: Pupillenwerdung, einer Pupille, die zugleich ein Herz ist. Nun ist die Pupille nicht das Auge selbst, sondern der Teil des Auges, womit das Auge sieht: ein Loch, Abwesenheit des Auges, Nicht-Auge, *kême*. Alchemistisch weitergedacht, folgt hieraus, daß eine Pupille ohne Auge unsichtbar ist und zugleich doch das »Sehen selbst«. Woraus sich wiederum ergibt, daß, egal wie man sich auch dreht und wendet, Alchemie das folgende ist: *Die Kunst, sich zu verwandeln in das unsichtbare Sehen, das Liebe ist*.

Das ist es, was Hermes Trismegistus von seinen Adepten verlangt. Hätten wir bis zum Jahre 1.000.000 gewartet, keine Atombombe hätte uns je schaden können. Wir *wären* bereits unsichtbar gewesen – und zwar endgültiger als es in *Die Gestalt der Technik* geschrieben steht. Aus alledem wird deutlich, daß der wahre Name des Steines im *Rosarium Philosophorum* (1593) zu finden ist: »Et ille dicitur *lapis invisibilitatis*, lapis sanctus, res benedicta«, und das dritte Porträt von Hermes Trismegistus auf der steinernen Treppe der Osaka Bank in Hiroshima, wo nur sein Schatten, sein Attribut, erhalten blieb.

FÜNFTES HEUTE (1946)

»Denk dran«, sagt Frieda, als sie mich mit zwei Marmeladenbroten, einer Tasse Kaffee und einem Päckchen Zigaretten weckt, »du mußt heute zum Vater. Es ist Dienstag. Ein kleines Paket liegt in der Küche.« Sie hat ihren Mantel an und ein Kopftuch umgebunden.

»Ja ja.«

»Hast du Geld für die Lichtrechnung?«

»Nein«

»Aber dann werden sie uns heute abstellen.«

»Ist mir doch egal.«

»Ist mir doch egal. Ist mir doch egal! Alles ist dir egal! Elender Bengel! Nur rumhuren den ganzen Tag, nichts sonst. Denkst du, ich werde mein ganzes Leben für dich schuften? Geh arbeiten wie die anderen! Rotzjunge. Ist mir doch egal ... Den ganzen Tag liegt er in der Seeche und läßt ein altes Weib für sich arbeiten.«

»Dann laß es doch bleiben.«

»Dann laß es doch bleiben, dann laß es doch bleiben! Ich werd dir gleich eine runterhauen! Wenn dein Vater das wüßte –«

»Mein Vater ist im Konzentrationslager. Bestimmt aus lauter Anständigkeit.«

»Was weißt du schon davon, du Großmaul! Arbeite nur mal so hart wie er –«

»Da paß ich schon auf.«

»Da paß ich schon auf ... Ich wollte, ich hätte dich gleich am ersten Tag ersäuft. Läßt sich jeden Morgen von einem alten Weib Essen und Zigaretten bringen, und dann geht er in die Stadt und spielt den großen Herrn. Warte nur, du wirst sehen, wie weit du damit kommst...«

Weinend läuft sie aus dem Zimmer und schlägt die Tür hinter sich zu.

Die Fenster sind voller Eisblumen. Nachdem ich gegessen habe, versuche ich noch etwas zu schlafen, aber wegen des Krachs im Haus gelingt es mir nicht. Nach K.V.K.s Verhaftung vor acht Monaten habe ich eine Lehrerin mit ihrem Freund und außerdem eine Mutter mit sechs Kindern zur Einquartierung bekommen: eine Engländerin, ihr Mann sitzt auch im Knast. Überall schreiende, streitende, weinende, in ihre Hosen kackende Kinder, in allen Zimmern, auf allen Treppen, auf allen Fluren.

Nachdem ich ein paar Stunden Bücher über Techniken der Magie exzerpiert habe, dabei so oft wie möglich unter der Decke bleibend, ziehe ich mich sorgfältig an, parfümiere mein Kinn mit Houbigant und suche überall im Zimmer nach Geld. Ich wohne nun inmitten von K.V.K.s Mobiliar, soweit noch vorhanden: Vor ein paar Tagen habe ich die friesischen Stilmöbel verkauft, aber sie sind noch nicht bezahlt. Auf der Suche nach goldenen Manschettenknöpfen oder etwas ähnlichem krame ich in den Schubladen seines Schreibtisches, an dem ich derzeit meine Gedanken zu Papier bringe, doch alles ist schon weg.

Als ich sechzehn Cent zusammen habe, wate ich zwischen Kindern hindurch zu Jan D., dem Freund der Lehrerin. Schon am ersten Tag seiner Einquartierung hatte er ein Emailschild an die Haustüre geschraubt:

J. D.
Psychologe und Magnetiseur
Konsultationen ausschließlich nach Vereinbarung
Das letztere, weil auch er die meiste Zeit über im Bett liegt. Er wohnt in K.V.K.s ehemaligem Schlafzimmer; seine Freundin ist in der Schule.

»Kannst du mir ein bißchen Geld leihen, Jan?«
»Ich bin so krank.« Stöhnend dreht er sich um; der groteske Tick, der ihn fortwährend schüttelt, läßt ihn auch jetzt nicht im Stich.
»Was hast du?«
»Ich weiß es nicht. Solche Schmerzen im Bauch...«
»Du kriegst es morgen auch wieder. Ich muß zu meinem Vater. Morgen hab ich Geld.«
»Ich habs nicht, wirklich nicht, tut mir leid...«

Fast bis zu den Knien im Schnee, das Päckchen für K.V.K. unter dem Arm, versuche ich es per Anhalter. Die meisten Autofahrer rasen an mir vorbei, ohne mich zu beachten; manche schauen mich kurz an und fahren dann doch vorüber, einer zieht mir eine lange Nase und hält mir ebenfalls den erhobenen Daumen hin: Das sind die, die selber ihr ganzes Leben abseits der Straße verbringen. Nach zwanzig Minuten hält ein neuer amerikanischer Wagen; hinter dem Steuer ein Mann in verschlissenen Manchester-Knickerbockern. Als er etwas später fragt: »Nach Wezep? Was um Himmelswillen willst du in Wezep?« – antworte ich: »Mein Vater ist dort Kommandant des Internierungslagers.«

Am Stadtrand von Amsterdam werde ich abgesetzt. Für elf Cent nehme ich die Straßenbahn zum anderen Ende der Stadt. Während ich unterwegs sehe, wie sich die Menschen durch den Schnee schaufeln, frage ich mich, warum es in Amsterdam eigentlich keine Schuhputzer gibt. Wenig später habe ich Bleistift und Papier hervorgeholt und entwerfe ein gigantisches Projekt. Angenommen, ein Putzer hat alle zwanzig Minuten einen Kunden für einen Viertelgulden, dann macht das 24 Kunden pro Tag, insgesamt also 6 Gulden, pro Monat 180 Gulden ohne Trinkgelder. Wenn ich ihm nun das Material stelle und ihm 150 Gulden pro Monat ausbezahle, bleiben mir pro Putzer 30 Gulden Verdienst, bei zwanzig Putzern also 600 Gulden im Monat. Damit könnte ich leicht auskommen, im Moment verdiene ich ja nicht einmal soviel wie ein einziger Putzer.

Mit dem Gefühl, eine grandiose Idee gehabt zu haben, trotte ich von der Endstation zur Hauptstraße und stelle mich wieder in den Schnee. Keine zwei Minuten später stoppt ein kanadischer Lastwagen. Ein Soldat lehnt sich aus der Tür und schreit:

»Amersfoort?«
»Yes!«
»Are you an alcoholic?«
»An alcoholic?« lache ich höflich. »Why?«
»Yes or no?«
»No, Sir.«
»O.k. Jump on.«

Kaum daß ich ganz auf die offene Ladefläche geklettert bin, fährt der Wagen an. Mehr schlecht als recht stakse ich über Bierkästen hinweg nach vorn und suche hinter der Fahrerkabine Schutz vor dem peitschenden Wind. Was für ein Glück. In einem durch bis Amersfoort! Während die Straße unter mir entlangzieht, betrachte ich eine Stunde lang die verschneiten Wiesen, Bäume, Bunker und Bauernhäuser der Niederlande.

Als ich in Amersfoort vor der Kaserne auf die Straße springe, ist mir, als ob meine Beine unter mir vor Steifheit und Kälte zerbrechen wollten. Glücklicherweise muß ich nicht zu Fuß gehen. Noch bevor der Lastwagen in den Kasernenhof eingebogen ist, hält ein Auto, wie ich es noch nie gesehen habe. Es gleicht einem altmodischen Personenauto, ist aber fast zweimal so groß und sitzt auch viel höher auf den Rädern, so daß diese mir fast bis zur Taille reichen. Eine Tür schiebt sich zurück, ein Treppchen gleitet nach draußen, und ich betrete einen kleinen, warmen Salon: lederne Klubsessel, ein Tisch. Aus der Wagenecke heraus beobachtet mich lächelnd eine alte Dame.

»Wohi Vetterli?«

»Ähm ... Richtung Zwolle, gnädige Frau.«

»Wohi gnau?«

»Nach Wezep.«

Sie beugt sich nach vorn und öffnet ein Schiebefenster.

»Wezep«, sagt sie und schiebt das Fenster wieder zu, noch bevor der Chauffeur antworten kann. Jetzt erst sehe ich, daß es ein Neger in Uniform ist.

»Zieh din Mäntli ruhig üs.«

Es ist warm in dem Salon. Ich hänge meinen Mantel an einen Haken.

»Hasch Lust ufn Tässli Chaffee?«

»Aber ja, gnädige Frau.«

»'s schteht alles ufm Tisch. Hier isch d' Milch. Im Schrank sin d'Tässli.«

Während ich Kaffee einschenke, merke ich kaum, daß wir fahren. Als ich mich in meinen Sessel setze, sage ich:

»Was für ein phantastischer Wagen. Sicher, um damit durch die Wüste zu fahren.«

Traurig schaut sie mich an und fragt dann:

»Willsch ebbis für mi duen?«

»Natürlich, gnädige Frau.«

»Sag eifach nix me.«

Ich erschrecke.

»Natürlich, gnädige Frau.«

Sie wendet sich ab und sieht aus dem Fenster. Ich wage nicht, mich zu rühren. Der Wagen fährt schnell und wie auf Eierdaunen, vom Motor ist fast nichts zu hören. Es beginnt zu schneien, und mit glänzenden Augen blickt die Frau zum Himmel hinauf. Etwas später schaut sich mich plötzlich wieder an.

»Willsch noch ebbis für mi duen, Vetterli.«

»Natürlich, gnädige Frau.«

Sie klopft gegen das Fenster und das Auto hält an.

»Hol e bissli Schnee für mi. Grad so in dinner Hand.«

Die Tür öffnet sich, und das Treppchen schiebt sich nach draußen. Ich springe hinunter und nehme vom Straßenrand etwas Schnee in die Hände. Zurück im Wagen, der sich mit zugleitender Tür in Bewegung setzt, bleibe ich ratlos stehen.

»Gibs mir in minni Hand.«

Während ich den Schnee in ihre alte Hand schüttele, sagt sie »Vorsichtig, vorsichtig«, und beugt sich voller Ekstase darüber. Ich setze mich wieder und beobachte, wie sie behutsam mit einem Finger durch den Schnee streicht. Kurze Zeit später beginnt ihr das Wasser durch die Finger zu tröpfeln. Dann leckt sie an dem Schnee. Als der Wagen hält, faltet sie ihre Hände über dem großen, dunklen Fleck auf ihrem Schoß und sagt lächelnd:

»Lebwohl Vetterli. Ich fahr nu wid'r durch d'Wüschte.«

Der Wagen verschwindet hinter den verschneiten Tannen, und ich gehe in Richtung Lager. Ich bin anderthalb Stunden zu früh dran und habe noch fünf Cent in der Tasche.

Mit Füßen, so kalt, daß ich den Erdboden nicht mehr spüren kann, werde ich endlich eingelassen. Das Warten hat mich selbst in tanzende Flocken, Stacheldraht, Baumrinde, schneebedecktes Holz und Schrott verwandelt; kein Gedanke ist mehr in mir. Ein wenig abseits der allmählich anwachsenden Gruppe von SS- und NSB-Frauen und ihrer Unterhaltung folgender Art: »Meinem Mann haben sie letzte Woche die Nase blutig geschlagen«, »Ja, die müssen gerade etwas über die Deutschen sagen«, gehe ich über den verlassenen Appellplatz zur Besucherbaracke. Suchend blicke ich an der Reihe verwahrloster Männer entlang, die winkend hinter den langen Barrieren stehen. K.V.K. ist nicht darunter. Ein Bewacher mit einem leichten Maschinengewehr vor der Brust fährt mit dem Finger eine Namensliste entlang.

»Krank«, sagt er. Und zu einem anderen Bewacher: »Nach F 3319, Block IV.«

Auf den Türmen stehen die Bewacher in langen Mänteln und stampfen hinter den Maschinengewehren von einem Bein aufs andere, die Hände tief in den Taschen. Kurz nach seiner Internierung wurde

K.V.K. zuckerkrank, aber bis heute war er immer an der Barriere gewesen. Als wir die Baracke betreten, nickt der Bewacher zur einzigen Pritsche hinüber, in der noch jemand liegt. Er selbst stellt sich an den Kanonenofen in der Mitte des Raumes.

Langsam komme ich näher. Rührung drückt mir die Kehle zu. Der Kopf dreht sich mir zu, aber keine Augen, die mich ansehen: Ein weißer Lappen ist darübergebunden.

»Papa, ich bin es ... Was ist passiert?«

Seine Hand tastet nach meiner.

»Ich bin blind geworden.«

Kaltes Grausen steigt mir zu Kopf. Ich kann nicht sprechen.

»Der Doktor sagt, daß es wieder vorbeigeht. Es hat etwas mit meiner Krankheit zu tun.«

Das tropfende Hochgebirge. Erstarrt schaue ich auf die hohe Stirn, die sich über dem Tuch erhebt, die scharfe, gerade Nase darunter, auf den harten Mund, das unversöhnliche Kinn. Es ist, als ob ich das alles zum ersten Mal sehe, jetzt, wo ich weiß, daß er mich nicht sehen, daß er nicht plötzlich seine Augen aufschlagen kann. Väter haben kein Gesicht – nicht für ihre Söhne. Einen Nacken haben sie, und das ist auch das einzige, das die Söhne betrachten dürfen, ohne versengt zu werden. Jetzt, in der kalten, zugigen Baracke im verschneiten Tannenwald, wird sein Gesicht für mich geboren. Ich liebe ihn.

Ich weiß nicht, was ich sagen soll. Der Bewacher beginnt umherzugehen. Mit seinem Fuß öffnet er eine Kiste neben einem der Betten und schaut hinein.

»Hier ist ein Päckchen«, sage ich und lege es neben ihn hin. Ich habe keine Ahnung, was drin ist.

»Danke dir, Harry.«

Sanft drückt er meine Hand. Ich dränge den Ekel zurück, der in mir aufsteigt; etwas später allerdings ziehe ich meine Hand doch weg, krame damit in meiner Hosentasche und frage ihn:

»Willst du eine Zigarette?«

»Hier wird nicht geraucht.« – Der Bewacher.

»Ich schmecke ja doch nichts, weil ich den Rauch nicht sehen kann. Weißt du noch aus dem Krieg, wenn man im Dunkeln rauchte?«

»Ja.«

Nach einer Weile fragt er:

»Ist zu Hause alles in Ordnung?«

»Alles prima. Und du? Wirst du noch verhört? Weißt du schon, wann du vor Gericht erscheinen mußt?«

»Seit sechsundfünfzig Tagen ist niemand mehr hier gewesen.«

Es ist wieder still. Er riecht noch immer nach Tosca.

»Frieda läßt dich grüßen.«

»Danke schön. Ein guter Mensch. Ich muß jeden Tag daran denken, daß sie seit Monaten keinen Cent Lohn mehr bekommen hat. Sei nett zu ihr. So jemanden findest du in der ganzen Welt nicht noch einmal. Hast du schon eine Stelle, Harry?«

»Nun, ich büffle noch immer für das Staatsexamen. Ich bin fast durch damit. Und beworben habe ich mich auch. Eine Stelle ist mir so gut wie sicher.«

»Ich mache mir ganz furchtbare Sorgen um dich.«

»Ach, warum denn, es wird schon alles gut werden.« Den Ärger darüber, daß er, gefangen und blind, noch immer zu wissen glaubt, wie man zu leben hätte, unterdrücke ich.

»Du bist jetzt achtzehn Jahre, sechs Monate und elf Tage alt. Es wird nicht vom Himmel fallen, Harry.«

Ich lache.

»Vielleicht doch.«

»Was du nur für ein seltsamer Junge bist...« Er schüttelt bedächtig den Kopf. »Gehst du noch zu den Rosenkreuzern?«

In den ersten Monaten nach der Befreiung bin ich mit der Hoffnung, Geheimen Wissens teilhaftig zu werden, in deren Tempel gegangen; ich besuchte ihre Zusammenkünfte, las *Die Chymische Hochzeit des Christian Rosenkreutz*, fand, es sei Unsinn (vor allem, weil ich zu gleicher Zeit Freud las), und lief, als die Weihe ausblieb, enttäuscht zum Tempel wieder hinaus.

»Nein, das sind langweilige Idioten«, sage ich und schaue auf den Rosenkranz und das Messbuch auf der Kiste neben seinem Bett.

»Und du? Bist du immer noch dabei, katholisch zu werden?

»Ja, Harry.«

»Und wann wirst du getauft?« – doch im gleichen Moment, als ich seinen hilflosen Mund und das Schlucken in seiner Kehle sehe, bete ich, daß meiner Stimme nicht anzuhören gewesen ist, wie lächerlich ich diese Vorstellung finde. Vor Schreck fange ich an zu zittern, meine Hände werden naß vor Schweiß.

Es ist Abend, als ich in Amsterdam ankomme. Die Rückfahrt war eine ununterbrochene Folge endlosen Wartens auf Autos, die mich nach nur zehn Kilometern schon wieder absetzen, am Ende in ein Dunkel hinein, aus dem es fortwährend schneit. Weil fünf Cent für die Straßenbahn nicht ausreichen, muß ich die Dreiviertelstunde zu Alices Zimmer zu Fuß gehen: Dort würde ich etwas zu essen bekommen und vielleicht sogar einen oder zwei Gulden. Halb ohnmächtig vor Hunger und Kälte biege ich in ihre Straße und sehe schon von weitem, daß sie nicht zu Hause ist. Ich bleibe im Schnee stehen, schaue auf ihre dunklen Balkonfenster und fange vor lauter Elend plötzlich an zu weinen. Ich pfeife noch unsere Erkennungsmelodie, doch es rührt sich nichts. Zur Straße nach Haarlem sind es noch anderthalb Stunden Weg.

Als ich wieder durch Haarlem gehe und schließlich in den stillen, weißen Wald komme – es schneit nicht mehr, und überall fällt schwerer Schnee leise von den Ästen auf den Erdboden, auch in der Ferne, hinter mir, wo niemand es sieht – verwandeln sich Hunger und Müdigkeit in eine unnatürliche Ruhe, die mich immer lichter werdend durchflutet. Ich gehe langsamer und bleibe stehen. Die Stille ist ungeheuerlich. Manchmal zerstäubt der fallende Schnee auf einem Ast, und neuer fällt herab. Ich bin unverletzbar. Ich werde große Dinge tun. Ich bin verbunden mit etwas, das stärker ist als alle Menschen; ich bin mehr Welt als sie. Tief Atem holend, blicke ich mich um. Es ist dunkel und doch hell zugleich. Ein Vogel schießt plötzlich durch zwei, drei, fünf Baumkronen und ein Vorhang aus Schnee fällt leise raschelnd in die Sträucher. So allein ich bin, ich bin nicht einsam in dieser weißen Stille: Ich fühle mich zuhause, wie ich es noch nie in einem Hause war.

Auch bei mir zuhause sind die Fenster dunkel, aber als ich hineinkomme, ist alles in heller Aufregung. Wütend, eine Kerze in der Hand, geht Frieda auf mich los.

»Sie haben das Licht abgestellt!«

»So, dann ist ja alles wieder wie früher. Das willst du doch immer. Gib mir um Himmelswillen was zu essen.«

»Zu essen! Du kriegst nichts, verfluchter Bengel!«

Schreiend rennen Kinder durchs Dunkel. Gleichfalls mit einer Kerze, die allerdings schon auf einer Untertasse befestigt ist, kommt die Mutter auf mich zu.

»It can't go on like this, Harry.«

»Alles nur wegen Ihrer Kinder, nur wegen der Kinder, schauen Sie doch, was die für einen Spaß haben.«

»Will you maybe nicht so frech sein to me!«

»Ach, hören sie nicht auf ihn, Frau Hinkema.«

»When are you bereit zu zahlen your part of the bill?«

»Das ist meine Sache.«

»No, Harry, that is not your Sache. We all are in the Dunkel now.«

»Bin ich für die Bestimmungen der Gemeindeverwaltung verantwortlich? Zum Teufel! Gehen Sie doch zur Gemeindeverwaltung! Wenn ich im Dunkeln sitzen will, dann sitze ich eben im Dunkeln, Herrgott! Was hab ich mit euch zu schaffen? Ich will essen.«

»Halt die Klappe!«

»No, Harry, you can't –«

»I can, I can! Hätten Sie lieber soviel auf ihren

Mann eingeredet, dann wäre er kein NSBler geworden.«

»You dirty –«

»Dreckige Faschistenbande.«

»I go *immediately* to the police.«

»Ja, ja, zur englischen Botschaft...«

Ich gehe in die Küche und setze mich mit Herzklopfen an den Tisch. Frieda kommt auch herein und zieht die Tür hinter sich zu.

»Beruhige dich. Es wird alles gut. Essen ist heißgestellt. Hast du noch Zigaretten?«

»Ach, Frieda...«

Nachdem ich gegessen habe (Bouillon, Sauerbraten, kleine Pfannkuchen, Kaffee und Kuchen), gehe ich hinauf und klopfe bei Jan D.

Im Kerzenlicht rollt sein Kopf mit geschlossenen Augen auf dem Kissen hin und her.

»Hattest du wieder Ärger?« fragt seine Freundin lächelnd. Lang, blond und mager sitzt sie auf dem Bettrand und hält seine Hand.

»Wegen dem Licht. Nehmt es mir nicht übel, morgen werde ich es bezahlen.«

»Ich mag Kerzenlicht im Zimmer ganz gern.«

»Ist Jan immer noch krank? Hast du einen Doktor kommen lassen?«

»Das ist ein bißchen schwierig.«

»Warum?«

»Weil es sich um Menstruationsschmerzen handelt.«

»Um *was*?«

»Ich habe jahrelang darunter gelitten. Vorigen Monat hat er mich magnetisiert und auf einmal war es weg. Aber er hat seine Hände sicher nicht gut abgeschüttelt oder so etwas.« Liebevoll schaut sie auf ihren Mann herunter. »Heute morgen habe ich meine Tage bekommen...«

Etwas später, in meinem Zimmer, bringen Henny, mein Freund, der inzwischen zu Besuch gekommen ist, und ich eine geraume Zeit damit zu, über diese bizarre Geschichte zu lachen. Über das Seltsame an der Sache wundern wir uns gar nicht, wir haben schon andere Dinge erlebt: Er ist mein astrologischer Ratgeber bei den magischen Untersuchungen und Praktiken, womit ich mir grenzenlose Macht zu erwerben gedenke. Henny ist in Uniform; er hat sich als Freiwilliger nach Niederländisch-Indien gemeldet, um einer Anstellung als Vertreter in der Schulterpolsterfabrik seines Vaters zuvorzukommen.

»Eigentlich kann er froh sein, daß er seine Tage bekommen hat«, sage ich schließlich. »Denn sonst wäre er ja schwanger gewesen.«

Nachdem wir auch diesen Lachanfall in den Griff bekommen hatten, hole ich die Unterlagen hervor. Auf der Mappe steht:

Untersuchung über die sexuelle Anziehung
zwischen Mann und Frau
Laboratorium Harry K. Mulisch

Mit Magie hatte das nichts zu tun, es war ein wissenschaftliches Hobby. Die Lektüre von *Geschlecht und Charakter* hatte mich dazu angeregt. Der Verfasser dieser 500 Seiten umfassenden »prinzipiellen Untersuchung«, Otto Weininger, legte sich in seinem 23. Jahr auf Beethovens Sterbebett und schoß sich dort eine Kugel durchs Herz. Das war 1903. Für mich war er ein Genie. Er selber sprach nur selten über etwas anderes als über »das Genie«, und das nahm mich außerordentlich für ihn ein, fühlte ich mich bei diesem Thema doch persönlich angesprochen. Weitere Lieblingsthemen von ihm waren »das Weib« und »der Jude«. Im wesentlichen liefen seine Ausführungen darauf hinaus, daß die Frau das Letzte und Verachtenswerteste in der Welt sei: Der am tiefsten stehende Mann stehe noch unendlich viel höher als die am höchsten stehende Frau. Nur eines sei in gleichem Maße abstoßend wie die Frau, und das sei der Jude. Die am höchsten stehende Männlichkeit dagegen sei das Genie. Weininger war Jude. »Das Buch bedeutet ein Todesurteil«, schrieb er kurz vor seinem Tod, »entweder trifft es das Buch oder dessen Verfasser.« O unvergeßlicher, irrsinniger Otto.

Eines seiner Kapitel heißt *Gesetz der sexuellen Anziehung*, und hierüber hatte ich zig Seiten vollgeschrieben. Die Hauptformel lautet:

$$A = \frac{k}{\alpha - \beta} \cdot f(t)$$

Falls jemand sich als Verführer niederlassen und darüber mehr wissen möchte, so verweise ich ihn auf die Quellen; eine wissenschaftliche Basis in dieser Sache kann nie von Übel sein. Ich selbst kann mich rühmen, der Untersuchung einen tüchtigen Stoß in die richtige Richtung versetzt zu haben, indem ich eine Liste voller Fragen erstellte, die ich meinem Freund Henny nun im Kerzenlicht vorlege. Es ist der *Fragebogen für Frauen* und bestand aus 49 Fragen, unterteilt in *a. Körper* (36 Fragen) und *b. Geist* (13 Fragen). Darüber hatte ich mit Schreibmaschine geschrieben:

Die Fragen sollten mit Hilfe des Begriffs oder der Begriffe beantwortet werden, die in der Frage gebraucht wurden. Auf eine nähere Präzisierung in genauerer oder allgemeinerer Weise wird höchster Wert gelegt. Selbstverständlich ist strikte Geheimhaltung zugesichert. Ebenso verbürgen wir uns dafür, daß die Angaben ausschließlich für wissenschaftliche Zwecke verwendet werden, welche in der beigefügten Broschüre kurz erläutert sind. Man hüte sich bei der Beantwortung der Fragen vor allem vor Zurückhaltung und falscher Scham, da hierdurch der Erfolg der Untersuchung ernstlich in Frage gestellt werden könnte.

»Wollen wir es gleich ausprobieren?«
»In Ordnung«, sagt Henny.
»Hast du Geld für Kaffee?«
»Ja«, sagt Henny.
»Let's go.«

Auf der Schwelle des überfüllten Lokals bleiben wir stehen und schauen uns suchend um. Auf dem Podium sitzt ein schwedisches Orchester und spielt »On the sunny side of the street«. Auf den Bänken vergnügen sich Kanadier mit Frauen und Mädchen, durch die Musik hindurch klingt das Gedröhn der Musikgruppen aus den darüberliegenden Sälen, in denen getanzt wird. Aber wir sind nicht zum Vergnügen hier. An dem Tischchen, an dem ich früher mit meinen Freunden saß (einer wurde schließlich von den Deutschen noch totgeschlagen, zwei andere sitzen im Gefängnis), entdeckt Henny zwei Mädchen.

Wir drängeln uns zu ihnen durch, und ich ergreife das Wort.

»Meine Damen, wir beide sind Forscher. Gestattet uns, euch ein paar Fragen zu stellen.«

»Igitt, was für ein Schleimer«, kichert die eine.

»Reagier' ja nicht drauf«, zischt die andere durch ihre Zähne und schaut starr an uns vorbei.

Die letztere zu piesacken reizt mich plötzlich mehr als die ganze Untersuchung, und ich sage:

»Es geht um die sexuelle Anziehung zwischen Mann und Frau. Das wird vor allem dich interessieren, Clothilde.«

Ihr Fuß schnellt nach vorn und trifft mich am Schienbein. Glucksend vor Lachen verschwinden wir und schauen uns nach geeigneteren Testpersonen um. Weil wir niemanden finden können, gehen wir mit unseren Papieren in einen der oberen Säle.

Hier war eine amerikanische Negerband zugange; auf der Tanzfläche wogt und bäumt sich eine neue Welt, die die meine ist. Wenig später sitzen wir neben zwei Mädchen, die, unter Heranziehung eines humaneren Tones, bereit sind, sich interviewen zu lassen, auch wenn wir uns beeilen müssen, weil sie verabredet sind.

»Schreibst du mit, Henny?« schreie ich durch den Lärm. Und ich beginne mit der ersten Frage: »Haben Sie sich in Gedanken bereits ein Bild ihres Idealen Mannes gemacht?«

»Nein«, schreit das Mädchen, das sich als Cor vorgestellt hatte.

Daraus ergibt sich eine Schwierigkeit hinsichtlich des Umstandes, daß die restlichen 48 Fragen auf einem Ja aufgebaut sind.

»Ich schon«, schreit Ans.

Na also. Ich brauche mich also nur an Ans zu halten.

»Besitzen Sie einen Vorliebe für kräftig und stämmig gebaute Typen, oder haben Sie lieber jemanden, der zarter gebaut ist.«

»Ganz normal«, schreit Ans.

»Ganz normal«, schreie ich Henny zu.

»Groß«, schreit Cor jetzt doch.

»Groß«, schreie ich.

Aus Zeitmangel beschließe ich, hier und da eine Frage wegzulassen.

»Wie sollte Ihr I.M. am liebsten auftreten? Bescheiden, anmaßend, sarkastisch, frech o. ä.?« Während ich das vorlese, bemerke ich, daß die Auswahl nicht besonders abwechslungsreich ist.

»Ganz normal«, schreit Ans.

»Bescheiden« – Cor.

»Wie sollte der Ausdruck seiner Augen sein? Naiv, raffiniert, träumerisch, melancholisch, ehrlich, gemein o.ä.?«

»Träumerisch«, schreit Cor; und Ans: »Ist mir schnuppe.«

»Was für eine Nase sollte Ihr I.M. haben? Eine Stupsnase, eine krumme Nase, eine kleine Nase, eine große Nase, eine schmale Nase, eine breite Nase –« Obwohl ich noch lange nicht fertig bin, schreien die beiden gleichzeitig:

»Nicht so eine wie du!« – und fallen sich brüllend in die Arme.

Verärgert überlege ich, ob ich ihnen Frage 34 gönnen soll, die mit Markierungen lautet:

Ist der Befragte bereit, Auskunft über seinen In-

timbereich zu geben, würde dies von der Forschungsleitung außerordentlich begrüßt werden, besonders da dieser Gegenstand einen wichtigen Bestandteil der Untersuchung bildet. Die Etikette verbietet es, über diesen Gegenstand Fragen zu stellen. Dennoch werden ausführliche Auskünfte über diesen Gegenstand mit größter Dankbarkeit entgegengenommen.

Aber ich komme zu dem Schluß, daß die beiden den überaus *anständigen* Ton dieser Frage nicht verdient haben – und ich gehe über zur ersten Frage von *b. Geist*:

»Wäre es Ihnen lieb, wenn Ihr I. M. ein Genie wäre? Oder haben Sie lieber jemanden, der nicht weiter sieht, als seine Nase reicht?«

»Hä?« schreien Ans und Cor.

Ich bin der Meinung, daß das Problem deutlich genug umschrieben ist – aber da klopft uns auch schon jemand kräftig auf die Schultern, und Ans ruft: »Hallo, Wim!« – und Cor: »Hallo, Gerard!«

»Was soll das?« schreit Gerard uns an.

»Die stellen uns eine Menge verrückter Fragen«, schreit Cor.

»Hier gibts nichts zu fragen«, schreit Wim. »Los, haut ab!«

»Wir sind Forscher« schreit Henny.

»Ja, und ich bin der König von England«, schreit Gerard. »Schwirrt ab!«

Ans, die sich ihren I. M. als einen vor allem *normalen* Mann vorstellte, hatte sich einen ausgesprochen dämlichen Typen mit einer violetten Narbe auf der Wange angelacht; und Cor, die angegeben hatte, jemand zu bevorzugen, der hochgewachsen, bescheiden und träumerisch sei: Ihr Gerard war ein arroganter Zwerg mit einem schamlos schäbigen Augenaufschlag ...

Aber zum Glück finden wir im dritten Saal zwei Mädchen, mit denen wir bis in die Nacht Jitterbug tanzen, wonach wir uns in Hennys Wohnung begeben, damit unsere technische Entwicklung gegenüber der des Geistes nicht ins Hintertreffen gerät.

Als ich um fünf Uhr morgens auf dem Weg nach Hause bin, komme ich an einer kleinen Villa vorbei, wo im ersten Stock noch zwei Fenster erleuchtet sind. Eines der Fenster steht offen und daraus klingt Klavierspiel. Fasziniert bleibe ich stehen. Wann und in welcher Nacht auch immer ich hier vorbeikomme, es brennt Licht und man spielt Klavier. Ich kann nur das oberste Regal eines Bücherschranks sehen. Das Zimmer ist schon fast das meine. Durch all das Rauschen und das Tropfen des schmelzenden Schnees hindurch lausche ich. Wer da wohl wohnt? Wie er wohl aussieht? Wie gerne würde ich eine Geschichte darüber schreiben, denke ich – und zutiefst eingeschüchtert von diesem Gedanken gehe ich weiter.

Eine Geschichte ... Über jemanden, der immer wieder an einem Zimmer vorbeikommt, in dem Klavier gespielt wird; er hat das Gefühl, als ob ihn irgendetwas mit dem Zimmer verbindet – aber was? Nie ist jemand zu sehen, selbst Lieferanten gehen an der Tür vorbei; es läßt ihn nicht mehr los, ganze Tage und Nächte streift er um das Haus herum, aber etwas hält ihn davon ab, zu klingeln oder um Auskunft zu fragen ... und weiter? Weiter weiß ich nicht. Wenn ich nun erst einmal aufschriebe, was ich bis jetzt habe ... vielleicht, daß mir dann ... – Im Garten liegt Jan D.

in seinem Hausmantel rücklings im schmelzenden Schnee, und ich helfe ihm auf: »Hast du getrunken?« – »Belladonna«, stöhnt er halb bewußtlos, aber ich höre ihm nicht zu: Vielleicht geht er auf eine Reise, nach Jahren kommt er in die Stadt zurück; er... – Ich schleppe Jan D. ins Haus und lege ihn im Hausflur auf eine Fußmatte, wecke seine Freundin und setze mich noch im Mantel an K.V.K.s Schreibtisch.

Vergangenheit und Geschichte

Das Schreiben versagt sich mir. Daher Plan der selbstbiographischen Untersuchungen. Nicht Biographie, sondern Untersuchung und Auffindung möglichst kleiner Bestandteile. Daraus will ich mich dann aufbauen, so wie einer, dessen Haus unsicher ist, daneben ein sicheres aufbauen will, womöglich aus dem Material des alten. Schlimm ist es allerdings, wenn mitten im Bau seine Kraft aufhört und er jetzt statt eines zwar unsicheren aber doch vollständigen Hauses, ein halbzerstörtes und ein halbfertiges hat, also nichts. Was folgt ist Irrsinn, also etwa ein Kosakentanz zwischen den zwei Häusern, wobei der Kosak mit den Stiefelabsätzen die Erde so lange scharrt und auswirft, bis sich unter ihm sein Grab bildet.

KAFKA

Als ich eben aus dem Fragebogen (nach langem Suchen unter Kilos des allerunwahrscheinlichsten Geschreibsels hervorgezogen) zitierte, lag ich vor lauter

Lachen fünf Minuten auf dem Fußboden. Das *nigredo* der Grotten, dem ich entstamme, ist wirklich unbeschreiblich. Aber ich mußte einfach davon berichten, um die grotesken Formen aufzuzeigen, die mein »Auftrag« zeitweise angenommen hatte. Sollte mein E r s t e s H e u t e tatsächlich für alle folgenden repräsentativ sein, so lautet das ihnen allen zugrundeliegende Schema: *Ambrosia gefüttert – der Auftrag – der verschwundene Vater – der böse Traum*. Doch niemand weiß besser als ich, daß dieses Schema ganz und gar nichts »erklärt«. Wer etwas erklären will, schießt *immer* einen Bock. Es ist ein alchemistisches *obscurum per obscurius, ignotum per ignotius*.

Übrigens (um wieder an eine andere Nicht-Erklärung anzuschließen): Ein *Adept* war aus mir immer noch nicht geworden. Ein weiteres Mal hatte ich vergessen, daß ich unsichtbar werden wollte. Verriet ich das vorige Mal das *magnum opus* mit Hilfe der Chemie, tat ich es nun mit Hilfe des Okkultismus, dem zweiten der beiden Glieder, in die die Alchemie auseinandergefallen war. In dieser Sackgasse sollte ich noch ein paar Jahre weitertrotten, bis zu einem gewissen, sich dem Wahnsinn gefährlich annähernden Prophetentum, dem die Psychologen ruhig ihren eigenen Namen geben mögen, der jedoch auch nicht viel besagt und außerdem um einiges langweiliger sein dürfte.

Je weiter ich in diesen *exercitia spiritualia* fortschreite, desto stärker fasziniert mich die Tatsache, daß man zwar Orte früherer Ereignisse aufsuchen kann, nicht aber deren Zeit. Doch wie Orte sich wandeln – Wolkenkratzer stehen, wo früher Rhabarberfelder waren, und manchmal umgekehrt – wandelt sich auch die vergangene Zeit. Auch in unserem Gedächtnis werden ununterbrochen Wolkenkratzer gebaut und abgerissen, wird jeder Zeitpunkt unserer Vergangenheit unablässig bearbeitet und verändert. Keiner soll sich darüber etwas vormachen lassen! Das Vergangene ist ebenso unsicher wie die Zukunft. In der Zukunft kann (fast) alles noch geschehen – doch auch in der Vergangenheit kann (fast) alles geschehen sein. So wie eine konkrete Situation der Gegenwart in der Zukunft auf zahllose Weisen ihren Verlauf nehmen kann – obwohl in jedem »Punkt der Zeit« nur eine einzige davon realisiert wird –, kann sich das Vergangene auf ebenso zahllose Weisen ereignet haben, obwohl für jeden »Punkt der Zeit« nur eine einzige davon Geschichte ist. Selbstverständlich würde Talleyrand auf dem Wiener Kongreß niemals mehr *gegen* das Prinzip der Legitimität stimmen können, aber hinsichtlich des Stellenwerts für unsere Geschichte könnte der ganze Wiener Kongreß von bestimmten gleichzeitigen Ereignissen in China oder in Afrika, von denen wir bis jetzt noch nicht einmal Kenntnis haben, übertroffen werden. Das Vergangene ist ein Produkt der Gegenwart, in viel stärkerem Maße als umgekehrt. Unsere Geschichte bis zum Jahre 1914 ist eine völlig andere als die des Jahres 1914. Es gibt keine »absolute« Geschichte. Was es gibt, ist lediglich das Chaos all dessen, was geschehen ist: das Niederschreiben der *Divina Commedia*, ein Spatz, der 1564 in Wladiwostock tot aus einem Baum fiel, die Heilige Allianz, die Geburt eines Mädchens mit einer Hasenscharte vor zwölftausend Jahren in Malakka. Die Geschichte ist ein Liniengeflecht, das die Gegenwart dem Wirrwarr der Vergangenheit aufdrückt. Der Wirrwarr bleibt sich immer gleich, er wächst nur noch und hat an sich keinerlei Bedeutung. Wie die Zukunft wandelt sich die Geschichte von Augenblick zu Augenblick. Kämen eines Tages die Hunde an die Macht, dann wäre der sechste Juli ein Feiertag, weil an diesem Tag im Jahre 1226 der Stammrüde der Dynastie auf einem Platz in Chartres geboren wurde.

Aber am Westkap von Europa muß der Lehrling nach seinem Schulabschluß amerikanische Raketeneinrichtungen bedienen, ausgerüstet mit dem Wissen über Floris V., Alva und Thorbecke. Auf den Schulen hat man völlig vergessen, daß der Geschichtsunterricht nicht dazu da ist, den Schülern ein Wissen über das Vergangene beizubringen, sondern um ihnen die Gegenwart begreifbar zu machen. Lincoln, Lenin und Mao, die in den Geschichtsbüchern des Wehrpflichtigen in zehn-, vier- oder zweizeiligen Abschnitten abgehandelt werden, sind für ihn nun wichtiger geworden als Floris V. + Alva + Thorbecke hoch tausend. Er wird ziemlich sicher fallen: Darf er nicht wissen, wofür? Fürchtet man, daß er keine Lust mehr haben würde zu fallen, wenn er weiß wofür? Auch ist nach Hitler jegliches Wissen über Attila und Al Capone aufschlußreicher als über Abraham Kuyper; zugleich muß einem anhand des Schicksals der Karthager unter den Römern, der Azteken unter den Spaniern, der Indianer unter den Amerikanern, der Tasmanier unter den Engländern, der Juden unter den Deutschen der Gedanke vertraut werden, daß sich alles, der Begriff von »Leben«, der Begriff »Mensch«, verändern und daß die gesamte Welt unter den Einfluß von Kraftfeldern geraten könnte, die von dem Gebäude, das in jahrhundertelanger Arbeit errichtet worden ist, keinen Stein auf dem anderen lassen.

In solch klagenden Landschaften ist »vaterländische Geschichte« ebenso unsinnig wie »Stadtgeschichte«: Bürgermeistersnamen, die Gründung von Grünanlagen, Annexionsgeschichte der Randgemeinden, Nachbarschaftsstreitigkeiten u.s.w.; und *Weltgeschichte* würde plötzlich zu einem ganz neuen Fach werden, denn was bisher für eine solche gehalten wurde, ist nahezu ausschließlich europäische Geschichte, d.h. Provinz-Geschichte. Und gerade weil die Vergangenheit nicht bei den Assyrern »beginnt«, sondern in der vorigen Sekunde, sollte der Geschichtsunterricht nicht mit den geborstenen Tontafeln beginnen, sondern mit der Zeitung von gestern. Beginnt etwa der erste Erdkundeunterricht mit der Topographie der Philippinen?

> *Der Rhein kommt bei Lobith in unser Land.*
> *100 Jahre vor Christus: Die Germanen kommen in unser Land.*
> *50 Jahre vor Christus: Die Römer kommen in unser Land.*

Das war das erste, und wie klar erinnere ich mich meiner Entgeisterung. Wer waren die Germanen? Man zeigte uns die Abbildung schneidiger, in hohlen Baumstämmen sitzender Mannspersonen mit Gesichtszügen von 1880 und Kaiser-Wilhelm-Knebelbärten. Und wie ordentlich die Römer rasiert waren! Warum, warum? Was war da plötzlich los im Jahre 100 vor Christus? Was begann da?

Nichts. Das Buch. »Unser Land« (der Abschlußdeich, Haarlem, die Tulpenfelder, der Grenzübergang Oldenzaal, wo die Germanen in unser Land kamen, als die Stoppuhr auf 100 vor Christus stand) war damals »unser Land« eben noch nicht; ein wüster Landstrich war es, in dem sich ein Fluß durch Sümpfe wand, Menschenmassen umherzogen und Kolonialheere marschierten – es hat zwanzig Jahre gedauert, bevor ich mir ein einigermaßen realistisches Bild davon machen konnte. Und dann: Wer war »Christus«? Ich war auf keiner religiös ausgerichteten Schule, über solche Dinge sprach man hier nicht, so wenig wie bei mir zuhause, ich hörte seinen Namen zum ersten Mal. Was geschah denn eigentlich bei dieser unbegreiflichen Rückwärtszählerei im Jahre 0? Dafür konnte es nur eine Antwort geben:

Christus kommt in unser Land.

So die Weltgeschichte, so meine Geschichte. Betrachte ich heute rückblickend meine Jugend, dann sehe ich ein völlig anderes Panorama als vor zehn Jahren. Geschehnisse, die ich damals für außergewöhnlich wichtig hielt, sind nun versunken, andere, die ich kaum beachtet hatte, traten übermächtig hervor. Vielleicht sollte ich einmal über den einen oder anderen Vorfall aus meinem zehnten Lebensjahr eine Art Doppelerzählung schreiben, so, wie ich mich jetzt an ihn erinnere, und so, wie ich mich meiner Erinnerung nach vor zehn Jahren an ihn erinnert habe.

Und deshalb: die HEUTE, so wie ich sie hier niederschreibe, sind die HEUTE von *heute*. Bis zu meinem Tod würde ich mit diesem Selbstporträt fortfahren können, – ohne einen zu finden, der das Scheitern der Theorien, Systeme, Ordnungen, Erklärungen ebenso durchlebt hätte – ohne einen kennenzulernen, der von größeren Eseln weniger verstanden worden wäre als ich – und von Dezennium zu Dezennium würde ich das Porträt bis zur Unkenntlichkeit verändern: bis an einem Punkt der Zeit das totale, ungeschönte Chaos meines Lebens sichtbar werden würde, das meine Augen bricht.

SECHSTES HEUTE (1951)

*Personen: Die vor der Abreise stehende Mutter und
 ihr Sohn.*
Ort: Ein Balkon in Amsterdam.
Zeit: 1. August 1951

Sie – Was ist mit deinen Augen?
Ich – Ich habe letzte Nacht in Amsterdam übernachtet und nicht gemerkt, daß eine Katze im Zimmer war.
Sie – Du siehst aus wie ein Chinese. Setzen wir uns auf den Balkon, das ist besser für dich. Es ist herrlich draußen nach dem Gewitter gestern nacht. Warst du bei –
Ich – Nein, bei einem Freund. Ich habe noch spät abends das Manuskript für einen Wettbewerb abgegeben.
Sie – Einen Roman?
Ich – So etwas ähnliches.
Sie – Glaubst du, du wirst den Preis gewinnen?
Ich – Keine Ahnung.
Sie – Hoffentlich. Wie heißt das Buch?
Ich – *Archibald Strohalm.*
Sie – Was für ein verrückter Name. Ist es zum Lachen?
Ich – Auch.
Sie – Wovon handelt es denn?
Ich – Das kann ich so nicht sagen.
Sie – Ich kann es ja lesen, wenn es gedruckt ist. Wird es gedruckt werden, was meinst du?

Ich – Keine Ahnung.
Sie – Und wenn es nicht gedruckt wird, wirst du trotzdem weiterschreiben?
Ich – Ja, natürlich.
Sie – Wie du aussiehst! Wie kommt es nur, daß du so allergisch gegen Katzen bist?
Ich – Erinnerst du dich, daß ich einmal Zigaretten für dich geholt habe, als ich ungefähr drei Jahre alt war?
Sie – Nein, du vielleicht?
Ich – Du hast das Zellophanpapier zerknüllt und es nach einer kleinen, schwarzen Katze geworfen.
Sie – Und?
Ich – Seitdem bin ich allergisch gegen Katzen.
Sie – Quatsch. Du liest zuviel Freud. Damals gab es ja überhaupt noch kein Zellophanpapier.
Ich – Ich sehe aber noch, wie die Katze damit spielt. »Zum Schießen« hast du gesagt und dabei gelacht. Hatten wir eine kleine schwarze Katze oder nicht?
Sie – Das schon.
Ich – Aha. Was hast du übrigens gegen Freud?
Sie – Unkritisches Lesen.
Ich – Verflixt nochmal, da mache ich dir den Hof mit einem Ödipuskomplex, will Papa ermorden, mit dir ins Bett –
Sie – Harry!
Ich – Haha! Für mich bist du eine Antisemitin. Ich bin schon mit älteren Frauen als dir im Bett gewesen.
Sie – Du Ferkel. Wenn jemand hören würde, was du mit deiner Mutter für eine Unterhaltung führst…

Ich – Neulich habe ich eine Entdeckung gemacht.
Sie – Erspare mir deine Entdeckungen. Ich gehe morgen nach Amerika; sprich über etwas anderes als über deine Entdeckungen. Willst du einen Kaffee?
Ich – Kennst du *König Oedipus* von Sophokles?
Sie – Natürlich.
Ich – Ich meine das Theaterstück.
Sie – Denkst du, ich bin blöd? Ich habe es noch mit Bassermann als Oedipus gesehen.
Ich – Kennst du auch *Oedipus auf Kolonos*?
Sie – Auch von Sophokles?
Ich – Die Fortsetzung davon. Darin geht er blind umher und wird am Ende von den Göttern entführt, mit Körper und allem, niemand weiß wohin. Weißt du, wohin?
Sie – Wohin?
Ich – Zu *König Oedipus*. Dort taucht er als Teiresias auf, der blinde Seher. Das ist der Oedipus, der schon alles hinter sich hat, darum ist er blind und weiß alles. Und so geht es auf alle Zeit weiter. Wie findest du das?
Sie – Kannst du wirklich nicht über etwas anderes sprechen, Harry? Wann willst du mal wieder zum Friseur? Du kannst dir ja schon fast Zöpfe flechten. Glaubst du nicht, daß die idiotische orangefarbene Manchesterhose ausreicht, um für einen Künstler gehalten zu werden?
Ich – Hältst du das für wichtig genug, daß wir uns darüber unterhalten, obwohl wir uns vielleicht nie mehr wiedersehen?
Sie – Stell dich nicht so an, ich bin 43 Jahre alt. Du weißt, wie alt wir werden. Deine Urgroßmut-

ter war 84. Sie könnte immer noch am Leben
sein.
Ich – Wenn sie nicht vergast worden wäre.
Sie – Hör auf!
Ich – Ich will schon damit aufhören, aber *die* hören
damit doch nicht auf.
Sie – Wer die, die Deutschen?
Ich – *Die.*
Sie – Wer ist »die«?
Ich – *Die* halt..
Sie – Von wem hast du nur all den Blödsinn? Nicht
von mir.
Ich – Nun, dann ist es ja klar, von wem ich es haben
muß.
Sie – Von deinem Vater auch nicht.
Ich – Das ist merkwürdig. Dann kann ich es nur
noch von mir selber haben.
Sie – Findest du es nicht auch komisch, daß wir zum
letzten Mal hier sitzen sollen?
Ich – Ja.
Sie – Warum sagst du nichts?
Ich – Wie spät ist es?
Sie – Warum?
Ich – Nur so.

Sie – Ist es nicht wunderbar? Und das hier: wie an
der Riviera. Man hat alles in Amerika. Berge,
Wüste, ja es gibt sogar noch Bären in den
Urwäldern. Warum kommst du nicht mit?
Ich – Weil mir Amerikaner genauso widerwärtig
sind wie Bären.
Sie – Was für ein Unsinn. Was man hier in Europa
an Amerikanern zu sehen bekommt, kannst du

nicht zum Maßstab nehmen. Es ist ein junges und intelligentes und freundliches Volk.

Ich – Ja, und wer nicht freundlich ist, ist ein Sonderling und vermutlich Kommunist. Wer den Satz des Pythagoras kennt, wird Präsident. Und jung sind sie auch nicht – im Gegenteil. Meiner Meinung nach ist Amerika das Greisentum von Europa. Sie glauben an Sicherheit und an Gott und an Schnickschnack. Du solltest mal ihre Altherrenkunst sehen. Das schönste, was sie zustande bringen, sind Photographien von Nahrungsmitteln. Nur die Neger können was, und die werden dann auch totgeschlagen, wenn es irgend jemandem gerade in den Kram paßt. Es ist ein reaktionäres Alteknackerland.

Sie – Noch war es Europa, das Hitler hervorgebracht hat, und nicht Amerika. Wenn das die Jugend ist, dann ist mir das Alter lieber.

Ich – Warum gehst du weg?

Sie – Warum nicht? Soll ich für den Rest meines Lebens hier im Regen sitzen? So sehr hänge ich auch nicht an den Holländern.

Ich – Das erste Jahr, nachdem er aus dem Lager gekommen war, ging es ganz gut, aber seit zwei Jahren ist unser Verhältnis wieder ziemlich schlecht. Wir essen getrennt, nur manchmal treffe ich ihn noch auf der Treppe. Er sitzt den ganzen Tag auf seinem Zimmer und sagt, wie müde er ist.

Sie – Sei froh, daß er wieder sehen kann. Ein Junge von 24 Jahren ist zu alt, um noch mit seinem Vater zerstritten zu sein.

Ich – Immerhin streite ich nicht so sehr mit ihm, daß ich mich wie alle anderen in ihn verwandeln möchte.
Sie – Was meinst du damit?
Ich – Indem ich heirate und selber Vater werde.
Sie – Vermutlich wäre das die einzige Art, um von ihm loszukommen. Wie geht es –
Ich – Das ist aus.
Sie – Ach so? Sie war so ein nettes Mädchen. Nun ja. Heirate nie. Ich kann dir schlecht dazu raten.
Ich – Nein.
Sie – Aber warum ziehst du denn nicht einfach aus?
Ich – Und wovon soll ich leben?
Sie – Du könntest dir doch eine Halbtagsstelle suchen. Es hat genug große Schriftsteller gegeben, die nebenbei noch eine andere Arbeit hatten. Paul Claudel war Gesandter in Tokio.
Ich – Ich mag Claudel nicht. Außerdem habe ich noch nie etwas von ihm gelesen. Das geht auch heute nicht mehr. Schreiben ist mehr als nur eine Art Ablenkung vom Alltagskram. Daß ein Schriftsteller neben seiner Schreiberei noch einen andern Beruf ausübt, läßt darauf schließen, jedenfalls glaube ich das, daß er es mit der Schriftstellerei nicht allzu ernst meint. Der Alltagskram ist ihm noch so wichtig, daß er seine Schreiberei Tag für Tag dafür beiseite legen kann. Dann ist er nur noch mittelmäßig – und ich interessiere mich nicht für ihn. Dann schreibt er für Menschen, die auch nichts mehr als mittelmäßig sind.
Sie – Aber wenn er nun nicht genug verdient, um davon leben zu können?

Ich – Dann muß er halt verrecken. Warum nicht? Was hat er zu verlieren?

Sie – Aber Harry, das ist unmenschlich.

Ich – Habe ich behauptet, daß es menschlich sei? Ich habe dir gesagt, wonach ich lebe und immer gelebt habe und immer leben werde.

Sie – Aber so kannst du nur leben, weil die gute Frieda für dich arbeitet. Auf Kosten von anderen. Dann mußt du auch konsequent sein.

Ich – Konsequent? Worin?

Sie – In deinen eigenen Prinzipien.

Ich – Was habe ich gesagt? Ich rede über Tatsachen, nicht über Moral. Ich schreibe, weil es das einzige ist, was seinen Sinn nicht von irgendetwas anderem her bezieht, sondern selber Sinn macht; und wenn von irgendwo Essen herkommt, dann esse ich es auf. Geld habe ich von Frieda noch nie angenommen. Voriges Jahr habe ich dreihundert Gulden verdient: beinahe genug für Zigaretten. Und so lange ich noch gut zu Fuß bin, finde ich es nicht schlimm, kein Geld für die Straßenbahn zu haben.

Sie – Das ist ja reizend!

Ich – Ist es nicht, ich weiß. Ich werde Frieda ein Denkmal setzen.

Sie – Darüber wird sie sich aber freuen, wenn sie in ihrem Sarg liegt. Und was ist, wenn sie nun eines Tages nicht mehr arbeiten kann? Ich werde dir auch nicht mehr helfen können. Die erste Zeit habe ich genug damit zu tun, mich selber durchzuschlagen.

Ich – Dann werde ich schon weitersehen.

Sie – Aber so kannst du doch nicht ewig weitermachen.
Ich – Dann halt nicht.
Sie – Übrigens verzapfst du einen ganz fürchterlichen Unsinn. Willst du sagen, daß Kafka als Schriftsteller nicht ernstzunehmen war? Soviel ich weiß, hatte er doch auch irgendeine Anstellung. Das sind doch alles Ausflüchte von dir.
Ich – Wenn es dich tröstet: Ich habe letzte Woche ein paarmal Modell gestanden.
Sie – Modell gestanden? Du?
Ich – Sogar für das zukünftige Widerstandsdenkmal auf dem Dam – für Rädecker. Auf diese Weise werde ich am Ende doch noch Widerstandskämpfer. Es sei denn, er macht einen SS-Mann draus, aber das wird er schon nicht, denn schließlich bin ich ja nackt.
Sie – Du posierst nackt?
Ich – Das bringt etwas mehr.
Sie – Ich lache mich tot. Was kriegst du pro Stunde?
Ich – Einen Gulden fünfzig.
Sie – Bei der Zeitung oder in der Werbung könntest du pro Stunde zehnmal soviel verdienen.
Ich – Würdest du bitte in meiner Anwesenheit keine derart schmutzigen Worte in den Mund nehmen?
Sie – Du schreibst also den ganzen Tag?
Ich – Ich werde euch alle unsterblich machen.
Sie – Verschone mich damit.
Ich – Wie kann man leben, wenn man weiß, daß man sterben wird?
Sie – Ich habe andere Sorgen. Zum Beispiel, ob morgen alle meine Papiere in Ordnung sind.

Ich – Sag mal ... jetzt wo du gehst ... Wie war Papa so als Mann? Was fandest du an ihm?
Sie – Let's change the subject. Es ist zu lange her.
Ich – Vielleicht hat es noch nicht einmal richtig angefangen?
Sie – Harry, bitte tu mir den Gefallen und laß es gut sein, ja?
Ich – Ich spreche für mich selbst. Willst du eine Zigarette?
Sie – Ich nehme eine von meinen. Den Dreck von dir rauche ich nicht.

Sie – Ich kenne ein paar Leute, die mir in der ersten Zeit etwas helfen wollen.
Ich – Und was weißt du sonst noch?
Sie – Daß es nie kalt ist in San Francisco. Gestern habe ich alle meine Winterkleider von der Heilsarmee abholen lassen.
Ich – Du bist ganz schön mutig.
Sie – Das sagen alle, aber was lasse ich hier schon zurück? Nur Tote und abscheuliche Erinnerungen.
Ich – Ja.
Sie – Und dich natürlich. Aber was könnte ich für dich noch tun? Du brauchst mich nicht, und der Begriff ›Familie‹ bedeutet dir ebensowenig wie uns allen. Du bist sowieso schon immer viel lieber allein gewesen.
Ich – Ja.
Sie – Wirst du mir oft schreiben?
Ich – Natürlich.
Sie – Ich kann von meinem Sohn, dem Schriftsteller, doch wohl erwarten, daß er mir oft schreiben

wird? Aber wahrscheinlich werde ich alle möglichen Leuten darüber ausfragen müssen, wie es dir geht. Wirst du mir zumindest deine Bücher schicken?

Ich – Natürlich.

Sie – Hat Papa schon mal etwas von dir gelesen?

Ich – Nein. Am Anfang habe ich ihm oft genug etwas gezeigt, aber es hat ihn nicht interessiert. Ja, damals, als *Das Zimmer* veröffentlicht wurde, das fand er natürlich fabelhaft, da war er noch im Lager. Aber als danach niemand mehr etwas von mir haben wollte, vier Jahre lang, und ich einen Roman nach dem anderen schrieb, und Theaterstücke und was sonst nicht alles, da zog er den Hals ein. Natürlich waren die Sachen nicht wirklich gut, und sie sind es immer noch nicht, aber das liegt daran, daß ich kein Geschichtenschreiber bin und meine Technik noch nicht ausgereift genug ist für das, was ich eigentlich will. Aber er seufzt nur und sagt, ich sollte doch lieber »richtig« arbeiten gehen. Es wird ihn erst wieder interessieren, wenn die Zeitungen schreiben, daß ich etwas kann. Wenn ich den Preis gewinne, wird er sicher jedem stolz erzählen, ich wäre sein Sohn. Besäße er allerdings dann noch Charakter genug, weiterhin zu behaupten, ich taugte nichts, dann hätte ich Respekt vor ihm. Noch als achtzigjähriger Nobelpreisgewinner würde ich jedem stolz erzählen, daß mein Vater mich immer für einen Versager gehalten habe. Er interessiert sich nicht für mich als Person, sondern nur für das, was ich für andere bin. Aber irgendwann werde ich darüber eine Menge zu sagen haben, und dann wird er es lesen müssen.

Sie – Sag mal, du willst doch nicht wirklich etwas über deine häuslichen Schwierigkeiten schreiben?

Ich – Warum nicht?

Sie – Das kannst du nicht tun, das interessiert doch keinen.

Ich – Wer hat sich schon für die Gebrüder Karamasoff interessiert, bevor das Buch geschrieben wurde? Literatur ist kein Angebot auf eine Nachfrage, es ist ein Angebot, das die Nachfrage erst schafft.

Sie – Wenn du nichts Besseres findest, worüber du schreiben kannst... Er ist sich selbst am meisten im Wege. Du mußt der Vernünftigere sein, ich bin es auch immer gewesen. Ich bin weggegangen.

Ich – Du hast ja auch noch nie etwas von mir gelesen.

Sie – Weil du mir nie etwas gegeben hast.

Ich – Das stimmt.

Sie – Warum eigentlich nicht?

Ich – Weil es dich ja auch nicht interessieren würde.

Sie – Woher willst du das wissen?

Ich – Das Risiko wollte ich nicht eingehen.

Sie – Du mußt jetzt gehen. Gleich kommen ein paar Leute, die du alle langweilig finden würdest.

Ich – Ja.

Sie – Zehn Gulden, mehr kann ich dir nicht geben. Du weißt, was mich das alles hier gekostet hat.

Ich – Danke.

Sie – Nun, Harry...
Ich – Soll ich dich morgen wirklich nicht zum Schiff bringen?
Sie – Bitte nicht. Niemand bringt mich hin. Ich will es nicht. Dieses stumpfsinnige Warten und Heulen und Winken, erspare es dir und mir.
Ich – Ja.
Sie – Jetzt geh. Ich schreibe dir sofort, wenn ich angekommen bin, und dann von jeder Haltestelle des Greyhoundbusses aus bis nach Kalifornien.
Ich – Gut.
Sie – Paß auf dich auf. Wiedersehen Harry.
Ich – Viel Glück.
Sie – Danke. Brauchst nicht zu winken.
Ich – Nein.
Sie – Wiedersehen, Schatz.
Ich – Wiedersehen. Nicht weinen.
Sie – Wiedersehen.
Ich – Wiedersehen.
Sie – Wiedersehen, Harry.
Ich – Wiedersehen, Mama.

Hermes erfüllt

»Ich weiß wohl, daß der Leser dies alles nicht zu wissen begehrt«, schrieb Rousseau in seinen *Confessions*, »aber ich habe das Bedürfnis, es ihm mitzuteilen.« – Aber was hier geschieht, hat mit »Bekenntnissen« nichts zu tun, und sei es nur deshalb, weil Scham und Schuld dabei fehlen. Was hier geschieht, ist das Entstehen einer *Struktur*, mehr ich als ich, wofür mein Leben das Material liefert. Was ist mein Leben? Das Kratzen eines Bären an einem Felsen, das im Abgrund verklingt. Ich habe nichts zu verlieren. Um mich herum sind die anderen Tiere: der Krokofant und das Olidil, der Nilgai und das Papapferd, der Kaninler und das Adchen, alle kratzen an dem Felsen. Sollte mich das einschüchtern? Die Mutter verliert ihr Söhnchen und schreibt ein Gedicht – und jedes Wort ist *gelogen*. Der kinderlose Dichter, gegen Frauen allergisch, schreibt ein Gedicht über eine Mutter, die ihr Söhnchen verliert – und das ganze Land schluchzt vor Rührung. Die Gefühle mitsamt ihrer Aufrichtigkeit verklingen im Abgrund, nur das kälteste Menschenwerk bleibt, Mammutfleisch im Eis von Sibirien.

Laßt mich zum letzten Mal in die Dachkammer von Bram Vingerling zurückkehren. Was mich dort am Ende so sehr ergriffen hatte, war nicht, wie ich damals dachte, der Inhalt des Buches gewesen, sondern, wie ich jetzt weiß, das Buch selbst: nicht die Chemie, sondern die Literatur. Und »Literatur« nicht wie sie im Lexikon beschrieben steht, sondern als das Änigma *des Geschriebenen*. Ich wollte es nachleben, das absolute Leben des geschriebenen, das *gesehene Leben*, wie eine Romanfigur. Es war eine Heidenarbeit – ein acht Jahre andauerndes Fiasko. Auch die zweite Geschichte, die ich schrieb, *Glaubst du an ein Leben vor der Geburt?*, begann mit einem Mann, der auf dem Markt ein altes Büchlein mit einem Rezept findet (um Geister herbeizurufen. Als sie erscheinen, zweifelt nicht nur er an ihrer Existenz, sondern sie auch an seiner; der Inhalt der Erzählung bestand aus der gegenseitigen, vergeblichen Beweisführung. Später machte ich ein Theaterstück daraus, das ich schließlich verbrannte: Als solches führt es nun in *Archibald Strohalm* eine negative Weiterexistenz).

Acht Jahre dauerte es, ehe ich begriff, daß zur *Imitatio Vingerlingii* nur ein einziger Weg führt: selber Seiten eines Buches zu schaffen wie jene, die mich damals so in Bann schlugen. Einsam wie alle Alchemisten, ohne Schule oder Lehrer, hatte ich schließlich mein *magnum opus* gefunden. Ich schreibe. Ich schreibe als Alchemist: Ich tue und werde – und beides ist das nämliche Ding. Mein Schreiben vollzieht sich vor dem Auseinanderfallen von Erzählen und Überlegen, gleich der Alchemie vor der Trennung in Chemie und Okkultismus. Mein Schreiben ist gleichzeitig mein Denken und meine Art, Erfahrungen zu sammeln. Alles, was ich hier schreibe und was ich jemals schreiben werde, entdecke ich in ebendiesem Schreiben. Sonst schriebe ich nicht: Dann würde ich in einer Kneipe sitzen und Anekdoten aus meinem Leben erzählen. Die »Geschichten« und die »Essays«, woraus dieses Selbstporträt sich zusammensetzt, sind dasselbe: Weder sind die »Essays« Erläuterungen zu den »Geschichten« noch die »Geschichten« Illustrationen zu den »Essays«. Ich bin nicht der oder der und gebe darüber Auskunft: *Erst in diesen Zeilen erstehe ich*, und nur in diesen Zeilen bin ich, nirgendwo anders. Ich äußere mich nicht, ich verinnerliche mich. Schreiben ist für mich eine empirische Wissenschaft, die sich selbst zum Gegenstand hat.

Nur so kann der Auftrag des Trismegistus alias Vingerling, unsichtbar zu werden, erfüllt werden. Es ist ein Unsichtbarwerden in dem »absoluten Leben«

des Geschriebenen. *Ich tue, was ich tue.* Das Geschriebene ist ein Organismus aus Sprache und bringt mich wie eine zweite Mutter zur Welt, wie das alchemistische Gebräu den Alchemisten zur Welt bringt: »Und sie vergleichen es mit dem Herzen«, schrieb Plutarch, »denn es ist warm und feucht.« Das Geschriebene ist ein heidnisches »Heiliges Herz«, worin das plutarchische »unsichtbare Sehen, das Liebe ist«, sichtbar wird.

Obgleich das für manche Ohren nicht weniger katholisch als betrügerisch klingen mag, widerrufe ich es nicht. In erster Linie, weil ich gern gewisse Personen ärgere, deren Haß mir lieb und teuer ist, in zweiter Linie, weil die Angst vor einem Mißverständnis nicht meine Sorge zu sein hat, und schließlich weil es für den, der sich die Mühe macht, es nachzurechnen, einfach stimmt. Nur Esel stoßen sich nicht zweimal am selben Stein. Der *artifex* ist selbst der Stein.

Und außerdem: »Erklärungen« besitzen ein unschätzbares Verdienst, das nur allzuoft in Vergessenheit gerät: Sie lassen das Unerklärliche an den Dingen schimmernd hervortreten. Eine »Erklärung« ist: die Frage noch einmal stellen, und zwar in einer einfacheren Form. Die Aufgabe 3 (26 + 51) – 223 lautet einfacher: 231 – 223; stellt man sie allerdings in ihrer einfachsten Form, 8, bricht das nackte Geheimnis durch. In dieser »8«, auch »Lösung« genannt, offenbart sich eine unerklärliche Welt, neben welcher die ganze Natur verblaßt: die *Zahl*: eine übervolle Welt vor einem leeren Spiegel, worin ein rätselhaftes Zeichen erscheint. Die Tatsache, daß es die Zahlen gibt, ist eine unergründlichere Kabbala als das, was die

Kabbala mit den Zahlen anstellt. – Und auch diese Aufgabe: Wie verläuft die Bahn einer Kanonenkugel? Die »Antwort« lautet: Die? Kugel? bewegt? sich? auf? einer? Parabel?

So hätte ich am liebsten das ganze Buch geschrieben; aber vielleicht hat inzwischen auch jemand begriffen, daß es so gelesen werden muß. Denn das einzige, worauf ich wirklich Wert lege, ist, daß man weiß: Es gibt keinen Unterschied zwischen der Sphinx, die Fragen stellt, und der elektronischen Rechenmaschine, die Antworten gibt.

[*Zugabe: Ein neuer Oidipous (alias Schwellfuß), genannt Oidinase.* – Als die Königin von Theben einen Sohn gebar, durchbohrte sie ihm die Nase und ließ ihn von einem Schäfer in eine Schlucht des Kithairongebirges bringen, um ihn dort den Geiern vorzuwerfen – denn das Orakel hatte dem König prophezeit, daß sein Sohn ihn töten würde. Doch weil man sich auf sein Personal nie verlassen kann, bekam der Schäfer Mitleid mit dem Kind und gab es in den Bergen einem zweiten Schäfer. Dieser nun schenkte es dem kinderlosen König von Korinth, der es adoptierte.

Als Oidinase, prächtig herangewachsen, wegen seiner Herkunft mißtrauisch zu werden beginnt, befragt er das Orakel, das ihm sagt, er sei der Sohn des thebanischen Königs, werde diesen töten und daraufhin seine eigene Mutter heiraten – vorausgesetzt, er besiege den *Computor*. Begierig macht sich Oidinase noch am selben Tag auf den Weg. Bald steht er vor den Toren von Theben.

Dort, im Gestrüpp auf einem Abhang, sieht er ein schreckliches Ungeheuer. Glänzend, hellgrau, leise summend. Der Computor! Seit Jahrhunderten stellt er jedem Reisenden, der hier vorüber will, eine Antwort; wer die Frage auf diese Antwort nicht weiß, wird sofort vernichtet. Unzählbar sind die Prinzen und Jünglinge, die ihm bereits zum Opfer gefallen sind.

Die Antwort lautet: »Was ist der Mensch?«

»Das ist keine Antwort«, sagten die meisten sofort, »das ist eine Frage.«

Sie wurden auf der Stelle mit einem Stromschlag hingerichtet.

Andere, die in ihrer Belesenheit zwei Dinge durcheinanderbrachten, sagten: »Welches Wesen läuft morgens auf vier Pfoten, mittags auf zwei und abends auf drei?« Doch auf diese Frage lautete die Antwort: »Der Mensch« – und nicht »Was ist der Mensch?«

Auch sie wurden auf der Stelle getötet.

Als nun Oidinase sich dem Computor genähert hatte und der die Worte sprach: »Was ist der Mensch?« versank er in tiefes Nachdenken. Er grübelte zwei Tage und zwei Nächte lang. Dann, im warmen, vogelzwitschernden Morgen des dritten Tages, stellte er sich vor dem Computor auf und sagte laut:

»Was ist der Mensch?«

Sofort, nachdem er dies gesagt hatte, begann der Computor zu zittern und kläglich zu piepsen, elektrische Röhren zerplatzten, Transistoren explodierten, Sicherungen brannten durch, Stichflammen schlugen empor, und gehüllt in blauen Rauch und Funkenregen, sank er langsam zwischen den Sträuchern in sich zusammen, bis nichts mehr von ihm übrig war als ein Haufen alten Eisens für den Schrottplatz.

Denn Oidinase hatte begriffen, daß es sich bei der Frage, worauf die Frage »Was ist der Mensch?« die Antwort ist, um dieselbe Frage handelte, und sie deshalb lauten mußte: »Was ist der Mensch?« – denn der Mensch ist keine Antwort, sondern eine Frage.

Danach wurde Oidinase von den jubelnd aus den Toren herausstürmenden Thebanern vor seinen Vater geführt, den er auf der Treppe seines Palastes feierlich durchstach, worauf er prunkvoll seine Mutter heiratete, die ihm zwei bildschöne Töchter resp. Schwestern gebar. Er regierte noch lange und glücklich in Theben, das wie ein Wunder von der Pest verschont blieb – und sein Hofnarr, der ihn mit schauerlichen Späßen unterhielt, hieß Teiresias und hatte die schärfsten Augen im Lande.]

SIEBENTES HEUTE (1957)

Als ich am zehnten Juli um 14 Uhr mit einem Früchtekorb auf der Schwelle erscheine, unter dem Kruzifix, und einen Paravent um das vierte Bett stehen sehe, bleiben mir noch sieben Schritte, um mich auf die Schrecknisse vorzubereiten.

Als er im Dezember hierherkam, lag er im ersten Bett des kleinen Krankensaals. Die anderen mußten ein Bett in Richtung des Fensters aufrücken. Schon längst urinierte er Blut. Frieda war seit einem halben Jahr tot. Im zweiten Bett stieg in ihm allmählich die Vermutung auf, daß er nicht mehr aufstehen würde. Da hatte er sich bereits in einen weißen, ausgezehrten Fremden verwandelt, den ich schon nicht mehr jeden Tag besuchen kam. Am zehnten Juni, im dritten Bett, halb betäubt von Schmerz und Morphium, fragte er, warum alle seinen Geburtstag vergessen hätten. Ich sagte, daß er am zehnten Juli geboren sei. Er fragte, was denn heute für ein Tag wäre. Ich sagte, es wäre der zehnte Juni. Darauf sagte er: »Was die hier nur für eine Zeit haben... irgendeine *asiatische* Zeit.« Als er das sagte, wußte ich, daß er schon in die Landschaften des Todes blickte. Zum erstenmal in seinem Leben hatte er sich in der Zeit geirrt. Früher schaute er manchmal stundenlang vor sich hin und sagte dann mit einemmal, daß vor genau 22 Jahren, 21 Monaten und 20 Wochen Italien Österreich den Krieg erklärt hätte und daß er 19 Tage später zur Front am Isonzo aufgebrochen sei. Es stimmte immer, Schaltjahre waren miteingerechnet. Nun hatte er sich zum ersten Mal geirrt – er würde sich rächen. Er wartete einen Monat, er erreichte das vierte Bett, er wurde 65 Jahre alt.

Beim ersten und zweiten Schritt verfolgte der Pole mich mit den Augen; beim zweiten und dritten Schritt, durch zwei Schlitze um seinen Kopfverband, der Junge mit dem Sportwagen; beim fünften und sechsten Schritt niemand: Der schon fast verdunstete Greis im dritten Bett betrachtete nie etwas anderes als die Decke. Mit dem siebten Schritt erreichte ich den Paravent – vorbereitet? gewappnet? Als ich dahinter stehe, hat eine neue Zeitrechnung begonnen.

Umgeben von Rosen, bunten Feldblumensträußen, Nelken, stark riechendem Flieder, unausgepackten Geschenken mit farbenprächtigen Schleifen, Körben mit Orangen, Trauben, Bananen, Kirschen, liegt geschmückt und gepriesen das unkenntliche, verzerrte Haupt eines Riesen auf dem Kissen, mit geschlossenen Augen, auf die linke Wange gesunken. Ich betrachte es, so wie ich noch nie etwas betrachtet habe. Es ist nicht mehr die Welt, in der ich lebte. Was in mir vorgeht, ist nicht Schrecken oder Angst, Liebe oder Mitleid. Es ist eine Verwandlung. Ich sage seinen Namen. Es geschieht nichts. Neben seinem Bett hängt eine in ein Tuch gewickelte Flasche, ein Plastikröhrchen verschwindet unter dem Laken und führt durch sein Geschlecht zu den Nieren. In der Höhe der Hüften wölbt sich das Laken über einem zylinderförmigen Gestell. Jemand hält meinen Arm fest. Es ist der Bruder. Er fragt mich, ob er mich mal eben stören dürfe, er habe auf mich gewartet, sei dann aber kurz weggerufen worden. Er nimmt mir das Körbchen aus der Hand und sagt, daß es jetzt sehr ernst sei. Ich nicke und sage, er liege wohl im Sterben. Noch einmal sage ich seinen Namen, doch der Bruder sagt, daß er mich nicht höre und daß ich ihn besser nicht stören solle. Das Wort »stören« hilft mir, es drückt genau das aus, was ich fühle. Er ist mit etwas beschäftigt. In all seiner Bewußtlosigkeit arbeitet er an einer ungeheuren Aufgabe. Ohne meine Augen von ihm abzuwenden, setze ich mich. Der Kopf ist unmenschlich geworden. Ich frage, wie lange es noch dauern könne. Ich fühle mich von einer Unwiderruflichkeit umgeben, die mich teilnahmslos werden läßt. Er sagt, daß es nur eine Stunde dauern könne, aber auch noch ein paar Stunden. Ich frage, ob es wohl auch einen ganzen Tag dauern könne. Er sagt, das glaube er nicht. Ich frage, ob er der Ansicht sei, daß er noch einmal zu Bewußtsein kommen wird. Er sagt, das sei immer möglich, aber ich sehe, daß er es nicht wirklich glaubt. Er ist blond, ein bißchen verweichlicht und sympathisch, er trägt eine weiße Kutte bis auf den Boden. Bei den anderen Betten hat sich auch Besuch eingefunden, man flüstert und schaut in meine Richtung. Ich stelle meinen Stuhl neben das Bett, so daß ich hinter dem Paravent sitze. Sein Gesicht ist mir nun ganz nah. Die Haut ist von einem schmierigen, fleckigen Weiß. Beim Haaransatz auf der Stirn wird sie hellbraun und spannt sich. Ich sage, daß ich seinen Kopf so groß finde. Der Bruder schaut nach und sagt, daß er nicht begreife, was ich meine. Ich sage, daß es aussähe, als ob sein Kopf doppelt so groß wäre. Er sagt, das sei vielleicht eine optische Täuschung, weil das Gesicht so eingefallen ist. Ich nicke. Er sieht es nicht. Als er etwas später an ein anderes Bett gerufen wird, beuge ich mich nach vorn und halte meinen Kopf schief, um in sein Gesicht sehen zu können. Im gleichen Augenblick muß ich mich fast übergeben von dem Gestank, der aus dem aufgegangenen Mund kommt. Ein grausamer, verbotener Geruch, ein verderbtes Areal der Fäulnis, das ich nicht hatte riechen sollen. Mit dem Fläschchen Tosca, das zwischen den Blumen steht, besprenkele ich sofort Laken und Kissen – aber jetzt, durch die Vermischung von Gestank und Parfüm, bildet sich ein verkommenes Aroma, das fast noch widerlicher ist. Ich stehe auf, gehe um das Bett herum und setze mich auf die Fensterbank. Auf einen Zettel kritzele ich: *Kopf größer – Gestank – verderbtes Areal*, und stecke ihn in meine Tasche. Das Fenster ist geschlossen, aber draußen ist Sommer. Das Sonnenlicht auf den niedrigen Arbeiterhäuschen der gegenüberliegenden Straßenseite ist mir zuwider geworden. Zuwider das Backsteinpflaster der Straße, zuwider die Fahrräder an der Mauer zur Auffahrt. In einer Ecke des Krankenhausgartens läuft aufgeregt schnüffelnd ein Hund zwischen den Sträuchern umher. Garten, Sträucher und Hund sind mir auch zuwider. Ich schaue wieder auf den Mann im Bett. Nichts rührt sich, nur auf seiner Brust hebt und senkt sich mit langen Zwischenpausen das Laken. Sein Leben lang hat er es zu oft gesagt. Daß er bald sterben werde, daß er es zum Glück nicht mehr lange machen werde, daß er in kurzer Zeit nicht mehr sein werde. Stellt er sich auch jetzt noch an? Ich weiß, daß es nicht so ist, aber es gelingt mir nicht, sein Sterben ernst zu nehmen. So konzentriert wie möglich richte ich meine Augen auf ihn. Plötzlich stöhnt er leise. Dann immer lauter, jedesmal beim Ausatmen. Es ist ein obszönes Gestöhne, eher der Wollust zuzuschreiben als dem Schmerz. Auf der anderen Seite des Paravents sagt eine Frau, wie schrecklich es doch sei. An ihrer Stimme höre ich, daß sie nicht meinen Vater damit meint, sondern sich selber, weil man ihr das zumutet. Ich stelle mich dicht neben ihn. Das Stöhnen erstirbt. Er hat sich nicht gerührt. Dann fällt mir ganz plötzlich etwas ein, und ohne jemanden anzusehen, verlasse ich das Zimmer. In einem kleinen Büro, in dem das Porträt des Papstes hängt, rufe ich die Freundin meines Vaters an. Sie heißt Anna. Durch mich hat er sie kennengelernt, und er lebte wie ein armer Mann mit ihr inmitten jenes rotgestrichenen Zimmerchens, das einmal mein »Laboratorium« gewesen war; Untermieter, die er bitter nötig hatte, um leben zu können, hatten ihn schließlich ins oberste Dachgeschoß des Hauses vertrieben; eben im Begriff, sie zu heiraten, brachte man ihn ins Krankenhaus. Sie befreite mich vom täglichen Krankenbesuch. Es nimmt niemand ab. Als ich in das Zimmer zurückkomme, steht sie mit dem Bruder neben dem Bett. Mit erstarrtem Gesicht schaut sie mich an. Aber es ist auch ein Zug von Entschiedenheit, von Festigkeit darin. Der Tod schreckt sie nicht. Nur dieser Tod. Ich kenne sie. Sie ist in ihrem Element. Sie fühlt seinen Puls, streicht ihm durchs Haar, hebt seinen Kopf hoch und rückt das Kissen zurecht. Als sie sich setzt, fragt sie, wer zuletzt mit ihm gesprochen habe. Eine wichtige Frage. Daran hatte ich nicht gedacht. Der Bruder sagt, daß er heute morgen die Hände des Herrn Mulisch mit Kampferspiritus eingerieben habe. Als er damit fertig gewesen sei, habe Herr Mulisch ihm dankbar die Hände gedrückt. Da konnte er schon nicht mehr sprechen. Kurz darauf fiel er ins Koma. Während er redet, macht er einen Schritt auf das Kopfende des Bettes zu und hält mit einer nachlässigen Bewegung seinen Handrücken kurz gegen die Nasenspitze, ein Ohr und das Kinn. Er schaut uns an und sagt, daß Herr Mulisch für ihn kein normaler Patient sei. Zwischen ihnen hätte sich etwas Tieferes entwickelt. Herr Mulisch sei einer der ungewöhnlichsten Menschen, denen er jemals begegnet sei. Dann geht er hinaus. Wir bleiben allein zurück. Hin und wieder wechseln wir ein paar Worte. Ihre Anwesenheit fällt mir zur Last. Durch sie habe ich nicht nur mit ihm zu tun, sondern auch mit mir selber. Ich wappne mich dagegen mit Gleichgültigkeit, was mir schwerfällt. Nach einer halben Stunde rasseln Klingeln durch das ganze Krankenhaus. Auf der anderen Seite des Paravents erhebt sich der Besuch und nimmt Abschied. Obwohl ich niemanden sehen kann, weiß ich, wer es ist. Bei dem Greis niemand. Am zweiten Bett ein hübsches Mädchen, unter ihrem Lachen starr vor Angst vor dem, was später unter dem Verband hervorkommen oder eben nicht mehr hervorkommen wird. Manchmal eine Mutter oder ein Freund. Am ersten Bett eine Menge Polen, die nach dem Krieg hier übriggeblieben waren und die jedesmal die frommen Brüder zum Erröten bringen, weil sie in gebrochenem Niederländisch das Körperteil anfordern, das ihrem Freund abgenommen worden ist. Der linke Hoden. Manchmal, wenn ich schweigend bei meinem Vater saß, lachte er unvermittelt auf. Dann übersetzte er mir den Witz über die Eier, der gerade mal wieder am ersten Bett zum Besten gegeben wurde. Worte wie »Eier« hatte er im Konzentrationslager gelernt. Er benutzte sie wie anatomische Bezeichnungen, ihr wenig gesellschaftsfähiger Klang entging ihm dabei fast völlig, wie einem Kind. Es ist still geworden im Saal. Daß wir immer noch hier sind, außerhalb der Besuchszeit, macht mir den Ernst unserer Lage bewußt. Auch die Hitze scheint in der Stille schwerer zu wiegen. Den reglosen Kopf betrachtend, ziehe ich mir einige Kleidungsstücke aus und richte mich auf längeres Bleiben ein. Ich unterhalte mich so wenig wie möglich mit Anna. Ich schaue ihn an und versuche, mir ins Bewußtsein dringen zu lassen, daß dies mein Vater ist. Daß dies der Mann ist, mit dem ich mir jahrelang die Gedanken vergiftet habe. Aber die zerbrechliche Gestalt unter dem Laken hört nicht auf, etwas anderes zu sein. Dann fange ich an, mich zu langweilen. Von der anderen Seite des Paravents ertönt hin und wieder Husten und Rascheln. Schritte auf dem Flur. Draußen bleibt es still. Totenbleich liegt das Sonnenlicht auf den Häusern der anderen Straßenseite. Der Hund gräbt jetzt unter den Sträuchern ein Loch. Mein Blick trifft auf Annas Augen, aber es sind nicht die Augen seiner, sondern meiner Freundin, die sie einmal gewesen ist. Verstört schaue ich wieder auf meinen Vater. Daß es so weit kommen mußte. Ich habe auf ganzer Linie gewonnen, und doch ist es kein Triumph. Es ist nicht zu beschreiben. Auch wenn ich an nichts denke und mich langweile, geht doch etwas Unsagbares in mir vor. Wie bei den Männern einiger Negerstämme, die sich ins Wochenbett legen. Die Blumen duften, plötzlich drückt mir etwas, ich weiß nicht was, die Kehle zu, und der Schweiß bricht mir aus. Dann ist der Bruder im Zimmer und verteilt frohgemut Gläser mit Milch auf den Nachtschränkchen. Für uns hat er Kaffee, aber ich sage ihm, daß ich mal eben etwas frische Luft schnappen möchte und gehe hinaus. Am Ende des Gangs tritt ein Bruder mit einer Bettpfanne aus einer Tür und geht zur nächsten hinein. Im Stock darunter schaut mir ein Bruder mit einem Tablett voller Milchgläser nach, wobei ich mich selber mit seinen Augen sehen kann, eilig, einsam, blaß unter meiner gebräunten Haut, ich schwenke in die Halle ein und trete in die glühende Sonne. Tief den Zigarettenrauch inhalierend, gehe ich durch die leere Straße. Auf der Brücke über dem äußeren Ringgraben am Rande des Parks, bleibe ich im Schatten der Bäume stehen. Etwas weiter entfernt braust der Verkehr, ein Zug, im grünen, insektenverseuchten Teich gleiten zwei Schwäne. Dann rieche ich plötzlich den feuchten Gestank der Verwesung, der aus seinem Mund kam, und bei dem Gedanken, er könnte nie mehr aus meiner Nase verschwinden, gehe ich voller Panik weiter. Über den neuen Asphaltweg zieht eine endlose Kolonne von Autos, Fahrrädern, Mofas, Motorrädern noch immer in Richtung des Strandes. Überall steht zusätzlich Polizei, an der Kreuzung spricht ein Polizeibeamter in sein Sprechfunkgerät. Die andere Straßenseite ist leer. Ich gehe an der Tür meines Hauses vorbei und betrachte die Gesichter auf dem Trottoir. Ganz nahe gehe ich an ihnen vorbei und bin doch in einer anderen Welt als sie. Unsichtbar mitten im fließenden Verkehr, zwischen den Häusern und Bäumen und in den Sonnenstrahlen steht das Bett, in dem das Unmögliche liegt. Ich schaue mich um. Alles ist und ist auch wieder nicht. Es ist ein Film, und gleich geht das Licht an, und die Leinwand wird weiß sein. Mit dem Gestank in der Nase kehre ich um und gehe zitternd nach Hause zurück. Die Zyklopen, die Schielenden, Blinden und Sehenden vor der Augenarztpraxis, über der ich [im fünften Haus] wohne, lassen mich im dunklen Gang nur murrend an sich vorbei. In meinem Zimmer bleibe ich unentschlossen stehen. Ich muß zurück. Ganz nah an den offenen Balkontüren vorbei donnert ein Zug, vollgestopft mit Badegästen, zum Meer, durch eines der anderen Fenster sehe ich den Verkehr auf der Straße, durch die beiden Mittelfenster fällt mir das Sonnenlicht bis vor die Füße, gebrochen durch die tanzenden Hände der Platane. Endgültig wie Stein fühle ich die Zeit um mich herum. Ich setze mich auf einen Stuhl, stehe aber sofort wieder auf. Ich muß zurück. Ich gehe zu meinem Arbeitstisch und berühre kurz meine Schreibmaschine. Und dann ein paar Papiere und dann den Aschenbecher. Im Gehen streiche ich mit den Fingern über den Tisch, das Bett, die Stühle, an den Büchern entlang, über den Ofen. Bei der Tür bleibe ich völlig außer mir stehen und schaue wieder durchs Zimmer. Der zu große Raum voll von Licht und meinen Dingen... Ich renne die Treppe hinunter und nach draußen. Der Verkehr staut sich. Eine motorisierte Polizeistreife knattert über die leere Weghälfte. Ich dränge mich durch die hupenden Autobusse und Motorroller und renne die paar hundert Meter zum Krankenhaus. Bis der Portier erstaunt aus seinem Verschlag herausgetreten ist, bin ich schon im Krankenzimmer. Stille. Der Kopf auf die linke

Wange gesunken. Schläfrig schaut Anna mich an. Ich frage, ob etwas vorgefallen sei. Es ist nichts vorgefallen. Als ich mich setze, ist mein Kopf schwer wie aus Eisen und viel zu groß. Ich lege meine Hand über die seine. Kalt, trocken, bedeckt mit weißem Kampferschilfer. Ich kann sie bewegen wie einen Gegenstand, als ob sie schon nicht mehr zu jemandem gehöre. Im Puls sein Herzschlag, fast unmerklich. Die Welt mit den Straßen und dem Verkehr ist versunken und hat nie existiert. Mir wird schwindlig von der warmen Stille. Er hat zum letzten Mal diese Hand gebraucht, zum letzten Mal gegessen, zum letzten Mal das Meer gesehen. Plötzlich scheint sich mir der Gedanke an seinen Tod mit kleinen Erschütterungen, Bewegungen, mit kleinen Strudeln, Stockungen mitteilen zu wollen. Er ist zum letzten Mal mit einer Frau im Bett gewesen. Wie ist das, das letzte Mal? Ist es ein letztes Mal, wenn man nicht weiß, daß es das letzte Mal ist? Eine Fliege kriecht über die Fensterscheibe. Sein ganzes Leben hat ihn zu diesem Bett geleitet. Damals, als er in Bielsko zur Schule ging, lag dieser Ort hier hinter den Tulpen und wartete auf ihn. 1916, unter den Trümmern begraben, würde es noch einundvierzig Jahre dauern. Er hastete durch Warschau, New York, und dieses Bett lag schon unter dem Meeresspiegel. Ich starre in sein Gesicht und das Rätsel wird nur noch größer. Womit mag er nur beschäftigt sein? Was ist Sterben für ein Tun? Ein Entschluß, so wie ein Orgasmus. Beunruhigt schaue ich auf sein Gesicht. Sehe ich endlich etwas? Ist dies das Gesicht eines Mannes, der sich mit jemandem vereinigt? Das Gesicht, das er hatte, als er mich zeugte? Erschreckt schaue ich zu Anna hinüber. Konfuse Gedanken jagen mir durch den Kopf. Daß sein Tod so etwas sei wie ich. Daß ich seinen Tod nie mehr loswerden würde. Daß dies hier keine bloße Erfahrung sei, sondern etwas wie ein Kind, das im Bauch heranwächst zu einem Teil von mir. Ich stehe auf und setze mich auf die Fensterbank. Ich bin es und ich bin es nicht, was hier geschieht. Ich hole meinen Zettel hervor und kritzele: *Was sagt die Puppe, die die Hand in ihrem Leib entdeckt? (strohalm redivivus) (Bruder Krebs!)* Dann streiche ich es durch und stecke den Zettel weg. Mein Rücken schmerzt. Was soll ich tun? Ich fange an, die Kärtchen an den Blumen zu lesen, und nehme mir aus einem der Fruchtkörbe ein Bündel Trauben. Während ich davon esse, lese ich auf dem Kärtchen: *Alice*. Anna betrachtet mich mit einem fast vorwurfsvollen Blick. Dann fragt sie mich, ob ich ihr auch von den Trauben geben würde. Ich nehme welche aus einem anderen Korb. Während wir essen, kommt der Bruder herein, nimmt dem Polen seine Zeitschrift ab, deckt jeden einzelnen mit mütterlichen Worten zu, schaut kurz nach meinem Vater, nickt herüber und geht hinaus. Man hat ihn aufgegeben. Die Ärzte liegen am Strand. Für Anna ist es das dritte Mal, daß sie am Sterbebett ihres Mannes sitzt. Dann fragt sie mich, ob ich eigentlich weiß, was sie mit Kurt wegen des Begräbnisses abgesprochen habe. Fassungslos starre ich sie an. Da ist es. Sein Tod. Ein Sarg, ein Loch, ein Stein. Sie spricht über Geld, es sei gerade genug, aber ich höre ihr nicht zu. Mit ihr hat er also über seinen Tod gesprochen. Ich habe nur darüber hinweggelacht. Sollte er noch einmal die Augen aufschlagen, werde ich ihm sagen, daß ich das nur getan habe, weil ich nicht an seinen Tod glauben konnte.

Da ist nicht der Schatten einer Bewegung in seinen Augen. Wir unterhalten uns, flüsternd. Der Bruder kommt und geht. Der Hund schläft nun im Schatten unter den Sträuchern. Der Kopf auf dem Kissen hat sich noch um keinen Millimeter bewegt. Wir schweigen. Wir flüstern. Wir gewöhnen uns. Die Zeit wird eins mit den Schatten auf der Straße. Als ich mich einmal nach vorne beuge, fühle ich in der Höhe seines Beines einen Stock unter dem Laken. Der Krebs sitzt in seiner Blase – was ist mit seinem Bein geschehen? Ist es amputiert, wie letztes Jahr das von Frieda wegen ihres Ödems, die Krankheit derer, die sich zu Tode arbeiten? Es dauert eine Weile, bis ich wage, das Laken etwas hochzuheben. Der Stock ist sein Bein. Weiße Haut hängt schlaff daran herunter. Sofort lasse ich das Laken fallen, aber ich sehe noch, daß seine Zehen mit Verband umwickelt sind. An seinem äußersten Ende ist er schon in Verwesung übergegangen. Als Anna mich fragt, wonach ich schaute, sage ich, daß er sehr abgemagert sei. Sie nickt und kämmt sich die Haare. Nachdem es vier Uhr geschlagen hat, werde ich ungeduldig. Wann wird er sterben? Wir können doch nicht ewig hier sitzen bleiben. Ich hoffe, daß es in jedem Fall noch heute geschieht, am liebsten noch vor dem Essen. Zufriedenheit steigt in mir auf, als mir klar wird, daß ich nun keine Krankenbesuche mehr zu machen brauche. Der Tag würde ohne Unterbrechung mir gehören. Der Bruder kommt, hält seinen Handrücken gegen die Nase, ein Ohr, das Kinn, und verläßt uns wieder. Um halb fünf stehe ich auf und gehe mit müden Beinen an den Schlafenden entlang, um eine Zigarette zu rauchen. Doch als ich unten in der Halle die sonnenüberflutete Straße sehe, will ich nicht mehr hinaus. Hinter einer hohen zweiflügeligen Türe ertönt leise gregorianischer Gesang. Ich gehe hinein und bin in einer Kapelle. Da und dort sitzt ein Bruder, der Gesang kommt von der Empore, die ich nicht sehen kann. Ich setze mich auf die hinterste Bank und stecke mir eine Lucky Strike an. Über dem Altar hängt der verstümmelte Leichnam des hingerichteten Gottes. Ich betrachte ihn ein Weilchen und fühle, wie ich ruhig werde in diesem barbarischen Tempel, in dem der Gott von seinen Anhängern aufgegessen wird. Dem Papst selbst könnte ich noch einiges erzählen über diesen metakannibalistischen Mechanismus, und sollte ich als Papst und Oberkoch diese Religion wieder zum Leben erwecken, so würde ich ganz gewiß alle Zugeständnisse an die Humanität, die im Laufe der Jahrhunderte gemacht worden sind, wieder rückgängig machen und sie auf die elementarsten, gastronomischen Ursprünge zurückführen. Der Begriff »Oberkoch« gefällt mir. Er ist besser als »Chefkoch«. Die Tiara hat übrigens tatsächlich einiges von einer Kochmütze und der Altar ziemlich viel von einem Herd. Es gibt sogar so etwas wie einen Kühlschrank. Ich denke über die Verwandlungen nach, die diese einfache Brotmahlzeit von vor zweitausend Jahren bis zum heutigen seltsamen Ritual durchlaufen hat. Ich vermute hinter ihnen einen Prozeß, den zu entdecken mich um einiges klüger machen könnte. Der Tod meines Vaters zum Beispiel würde sich somit in eine ebenso brauchbare wie bizarre Technik verwandeln lassen. Einer der Brüder liest in einem Meßbuch. Kaum hat sein Mund aufgehört zu murmeln, schneuzt er sich die Nase. Ehrfurcht erfüllt mich. Vielleicht fordert er den Tod gerade mit der Frage heraus, wo denn sein Stachel sei, und schneuzt sich dabei seelenruhig die Nase. Das ist am Ende sehr viel eindrucksvoller, als wenn er sich keuchend erheben und es triumphierend gegen das Gewölbe schreien würde. Diese Vorstellung amüsiert mich. Doch als ich meine Zigarette austrete und auf Zehenspitzen die Kapelle verlasse, fühle ich, wie gerne ich alldem nun entfliehen würde. Der Gedanke, daß dies unmöglich ist, selbst wenn ich zum Mond flöge oder mir eine Kugel in den Kopf schösse, liegt mir wie ein Stein im Magen. Im Zimmer sind alle wieder wach und trinken Tee. Hinter dem Paravent erschreckt mich ein Priester. Ernst stellt er sich als der Rektor vor, und unter seinem unendlichen Kragen trägt er ein violettes Chemisett. Er sagt, daß er gekommen sei zu beten, denn mein armer Vater läge im Todeskampf. Ich weiß nicht, wie ich mich verhalten soll, nicke und lasse mir ein grünes Büchlein in die Hand drücken. Mit klopfendem Herzen setze ich mich auf die Fensterbank und betrachte den Bruder, der neben dem Bett niederkniet. Auf dem Nachtschränkchen brennt eine Kerze. Ich bekomme das Gefühl, als ob nun alles ernster wäre, als es tatsächlich der Fall ist. Oder doch nicht? Der Bruder hat schon begonnen. »*Herr, erbarme dich unser. Christus, erbarme dich unser. Herr, erbarme dich unser. Heilige Maria, bitte für ihn. Alle Heiligen und Erzengel, bittet für ihn. Heiliger Abel, der Chor der Gerechten, heiliger Abraham...*« Monoton kommt der flehende Text aus seinem Mund. Er hat auf Seite 1 begonnen. Das Büchlein hat 8 Seiten, auf der letzten Seite steht: *Alle Rechte in Händen des Autors.* Der

Rektor schlägt mehrere Kreuze und hört nicht mehr auf mit Reden. Es gefällt mir nicht. Plötzlich verändert sich der Ton des Büchleins, nicht der des Rektors: »*Mache dich auf den Weg, Bruder (Schwester) in Christus, im Namen Gottes des allmächtigen Vaters, der dich erschaffen hat; im Namen Jesu Christi, des Sohnes des lebendigen Gottes, der für dich gelitten hat; im Namen des Heiligen Geistes, der über dich ausgegossen worden ist; im Namen der seligen Jungfrau und Gottesmutter Maria; im Namen der Engel und Erzengel...*« Von meinem Vater schaue ich zum Rektor und vom Rektor zu meinem Vater. Er jagt ihn weg, der Rektor scheucht meinen Vater mit Bannsprüchen zur Welt hinaus. Obwohl ich merke, daß ich vor lauter Müdigkeit kaum noch etwas aufnehmen kann, packt mich Entsetzen. »*... im Namen der Throne und Herrschaften; im Namen der Fürsten und Mächte, der Kräfte des Himmels; im Namen der Cherubim und Seraphim; im Namen der Patriarchen und Propheten, der heiligen Lehrer des Gesetzes; im Namen der Martyrer und Bekenner; im Namen der heiligen Mönche und Einsiedler; im Namen der Jungfrauen des Herrn; und aller Heiligen Gottes...*« Für einen Moment schießt mir der Gedanke durch den Kopf, ihn zu Boden zu schlagen. Was er da tut, ist nicht wieder gutzumachen. Doch als ich die Tränen in den Augen des knienden Bruders sehe, beruhige ich mich. Er hat seine Hände um die meines Vaters gelegt und schaut unverwandt in sein furchtbares Gesicht. Anna, auch ein grünes Büchlein in der Hand, sieht mich an. Sie ist abgefallene Katholikin, und doch wartet sie nun auf ein Zeichen von mir, wie sie sich verhalten soll. Ich gebe es ihr nicht.

Jeder von uns ist jetzt mit sich allein. »*Schaue gnädig herab auf deinen Diener Kurt Mulisch und erhöre ihn, der Dich aus ganzem Herzen um Vergebung bittet für all seine Sünden...*« Aber das steht da nicht. Es steht da: *Schaue gnädig herab auf deine(n) Diener(in) N. und erhöre ihn (sie), der (die) Dich aus ganzem Herzen um Vergebung bittet für all seine (ihre) Sünden.* Ich klappe das Büchlein zu und beobachte eine Fliege, die um den Kopf meines Vaters summt. Vielleicht ist es Gott, denke ich. Vielleicht ändert es was. Am Bruder wird es sicher nicht liegen. Sein Kummer ist größer als der meine, und ich beneide ihn um den Zugang, den er zu sich selber hat. Worunter aber leide ich, wenn nicht unter Kummer? Eine eiserne Brechstange in meinem Körper, die mich nach und nach aus meinen Fundamenten hebt. Die Worte, die wie ein endloses Band aus dem Mund des Priesters kommen, jubeln jetzt: »*Chöre der himmlischen Geister vertreibt die vergangenen, gegenwärtigen und künftigen Übel. Propheten ihr des ewigen Richters und ihr Apostel des Herrn, demütig flehen wir durch euer Gebet gerettet zu werden. Erhabene Martyrer Gottes und ihr lichte Bekenner, durch eure Bitten tragt uns in die himmlischen Gefilde. Chor der heiligen Jungfrauen und aller Mönche... Diese Fliege nervt gewaltig*«. Der Rektor schweigt. Sofort steht der Bruder auf und streckt langsam seine Hand aus. Die Fliege sitzt auf der Stirn. Als er einen Ausfall wagt, summt sie wieder herum. Dann verjagt er sie mit wedelnden Armen über den Paravent »*... mit allen Heiligen zumal, macht uns zu Gefährten Christi. Heiliger Josef, Schutzherr der Sterbenden, gib unseren Seelen den*

Sitz der Erquickung, die Seligkeit der Ruhe und Herrlichkeit des Lichtes. Heilige Mutter Gottes, selige Jungfrau Maria, zu dir rufen wir verbannte Kinder Evas, zu dir seufzen wir, trauernd und weinend in diesem Tal der Tränen. Wohlan denn, unsere Fürsprecherin, wende deine barmherzigen Augen uns zu und zeige uns nach diesem Elende Jesus, die gebenedeite Frucht deines Leibes...« Schläfrig schaue ich zum Fenster hinaus und sehe meinen Vater als kleine, erstaunte Gestalt vor einer riesigen, wartenden Menschenmenge in den himmlischen Gefilden, aufgeteilt in Männer und Frauen, unsagbar einsam zwischen all den Fremden. Im Garten starrt der Hund mit gesträubtem Nackenhaar auf eine Katze, die ihn unter den Sträuchern mit gebuckeltem Rükken anfaucht. *»Daß Ihr wissen möget vom Schrecken der Finsternis, vom Pfuhl von Feuer und Schwefel, von der Qual der ewigen Pein. Vor Euch weiche hinweg der allerschrecklichste Satan und seine Helfershelfer: Er erbebe bei Eurer Ankunft im himmlischen Reich der Engel und flüchte ins furchtbare Chaos der ewigen Nacht...«* Im Garten unter den Sträuchern herrscht das Gelärme des Hundes, der hinter der Katze her ist im Garten herrscht ein Hund unter den Sträuchern, der hinter der Katze her ist in einem Garten das Gelärme einer Katze herrscht ein Garten unter den Sträuchern das Gelärme in einer Hund hinterher herrscht ein Garten in einem Garten unter den Sträuchern herrscht Gelärme in einem Hund ist eine Katze, die hinter einem Garten her unter den Sträuchern herrscht Gelärme von den Sträuchern ist ein Garten hinterher im Gelärme eines Hundes, der die Katze im Garten ist Gelärme unter den Sträuchern einer Katze, die hinter dem Hund her ist. »*Befreie, Herr, die Seele deines Knechts aus den Gefahren der Hölle, aus den Fallstricken des Teufels und aus aller Drangsal. Amen. Bewahre, Herr, die Seele Deines Knechts so wie Du Elias und Henoch bewahrt hast vor dem Tode. Amen. Bewahre, Herr, die Seele Deines Knechts, so wie Du Abraham erlöst hast aus Ur im Lande der Chaldäer. Amen. Befreie, Herr, die Seele Deines Knechts, wie Du Isaak befreit hast vom Opfertod aus der Hand seines Vaters Abraham. Amen...*« Ich kann kein Wort mehr verstehen. Minute auf Minute stapeln sich die Klänge rund um das Bett: *Böser König... Ägypter... falsch Zeugnis... allerseligste Thekla... Löwengrube... fremde Götter... himmlische Geheimnisse... Fleisch... allerteuerstes Unterpfand... ewige Freuden...* Und etwas später ist der Rektor verschwunden, die Kerze ausgelöscht, und wir sitzen schweigend bei dem reglosen, verzerrten Kopf, der auf die linke Wange gesunken ist. Es ist fünf Uhr. Um Viertel nach fünf geht Anna auf die Toilette. Als sie zurückkommt, habe ich mich über sein Gesicht gebeugt. Sie fragt, was los sei. Ich schaue nicht auf. Ein kleiner Muskel zittert in seinem oberen Augenlid. Gespannt betrachte ich es. Es ist die erste Bewegung seit viereinhalb Stunden. Anna sagt, das habe nichts zu bedeuten. Ich lasse meine Augen nicht von ihm. Plötzlich, beinahe unmerklich, bewegt sich etwas um seinen Mund, gleich darauf ist da ein schwaches Zittern in seinem unteren Augenlid. Ein entsetzliches Drama nimmt seinen Anfang. Voller Grausen weiche ich zurück und flüstere, daß es das ist, Anna, das ist es, das ist es. Ich weiß es, ich weiß es so sicher, wie ich noch nie etwas gewußt habe. Als sein Kopf sich zu bewegen beginnt, langsam, langsamer, anfängt, sich auf dem Kissen hin und her zu drehen, wirft es mich gegen die Wand am Fußende seines Bettes zurück, mein Gesicht von Tränen überströmt, ohne daß ich weine. Während sich sein Kopf in die Senkrechte dreht, noch immer mit geschlossenen Augen, pocht es in seiner Kehle dreimal, und die Lippen seines geöffneten Mundes stülpen sich langsam nach innen wie bei einem Mann, der einen Entschluß gefaßt hat und sich nun der Qual stellen will. Dem liegt ein unaufhaltsamer Plan zugrunde, eine Architektur der unscheinbaren Bewegungen, Krieg könnte ausbrechen, die Atombombe fallen, das hier wird zu Ende geführt. Die Lippen sind nicht mehr zu sehen. Voller Grausen stehe ich an der Wand und sehe, daß er es tut, daß er es will, daß der Tod eine Tat ist. Als der Kopf stilliegt, öffnen sich langsam seine Augen und schauen mich direkt an, mit einem hellen, hellblauen Blick. Zwei Tränen rollen ihm über die Wangen, und der Mund entspannt sich allmählich. Völlig aufgelöst, sehe ich in die erblindenden Höhlen seines Todes. Tu es nicht, o Gott, bitte tue es nicht, denke ich, als Anna ihm die Augen zudrückt, und sein Kopf klein wird und sich zurückverwandelt in den eines Schlafenden.

Und nachdem ich in einem Gartenzimmer mit Rattanmöbeln das Begräbnis geregelt und beim Rektor eine Totenmesse bestellt habe, um den Bruder nicht zu enttäuschen, führt dieser mich betrübt durch den Garten ins Leichenhaus, wo zwischen schweren Gardinen und den Geburtstagsblumen eine gelbgewordene Puppe auf einem Marmorblock liegt. Habe ich ihn je anders gesehen? Ich betrachte ihn nicht sehr lange. »Lebwohl, Papa«, sage ich, drücke einen Kuß auf die kalte Stirn, die noch nach Tosca riecht, richte mich schnell auf *(weil er sich plötzlich aufrichten, mich mit den Armen umfangen, die Zähne mir in den Hals schlagen und mich auf dem Marmor vernichten könnte)*, werfe ich einen allerletzten Blick auf ihn, setze meine Sonnenbrille auf und gehe voll Staunen und krank in den unbegreiflichen Sommerabend hinaus.

Ein nicht empfangener Brief

Und hast Du Dich nicht aufgerichtet auf dem Marmor, jahrelang, nachts, immer dann, wenn ich gerade nichtsahnend in den Schlaf fallen wollte? Keineswegs nichtsahnend, verheerender Schauder, schwarze Welle, die Du geworden bist! Ich weiß sehr wohl, daß Du mir auch jetzt über meine Schulter gebeugt zusiehst. »Es war doch auch anders zwischen uns.« Ich habe es nie geleugnet. »Aber alle werden denken...« Natürlich, alle werden denken. Bis jetzt hast Du mich hier nur zweimal angeschaut: das erste Mal, als ich die Lucky Strike holen sollte, das zweite Mal, als ich noch etwas Badewasser einlassen wollte – und dann eben noch ein drittes Mal, aber das war schon kein Anschauen mehr. Jetzt aber, wo ich genauso alt bin wie Du damals, als Du mich gezeugt hast bei Alice, und wo ich dies schreibe – jetzt bekommst Du wieder ein Gesicht, und ich treffe dich da und dort. Wenn ich durch die Stadt gehe, bilde ich mir manchmal ein, daß du eben in jener Straße um die Ecke gegangen bist, in die ich auch gerade einbiegen will, und wenn ich dann um jene Ecke herum bin, bist du schon wieder hinter der nächsten verschwunden; und wenn mich in der Straßenbahn jemand anschaut und seine Augen ähneln den Deinen, dann denke ich: Vielleicht bist Du es, vielleicht hast Du für einen Moment von seinem Blick Besitz ergriffen, nur um zu sehen, wie es mir geht. O Himmel ja, gut, gut, ich schlage mich so durch.

Dein Tod hat mich auf einen Gedanken gebracht. Unter der Voraussetzung, daß Du ein vollkommen anderer Mensch bist als ich – etwas, das Du nie erkannt hast – wie hätte es wohl ausgesehen, wenn ich der Vater gewesen wäre und Du der Sohn? Dieser Gedanke erfüllt mich mit Furcht und mit Freude. Es ist, als ob ich am ersten Frühjahrstag aus dem Hause trete und das Sonnenlicht schießt scharf hinter Bäumen und Autos hervor. Alles wird ins Lot gebracht, endlich ist Gerechtigkeit im Anzug! Mit grün sprießenden Kastanienzweigen auf den Helmen rennen Soldaten über den warmen Asphalt. Was für ein Tag! Kleiner, armseliger, toter Sohn meiner Erinnerung, was für ein Glück in den Gefechten!

Zum Beispiel: Ich war ungefähr dreizehn und lag mehr als ich saß auf dem riesigen Sofa, Du mir gegenüber, ein Bein über das andere geschlagen, mit Deinem Zeigefinger Worte in die Luft schreibend. Voller Bewunderung habe ich den eleganten Knoten Deiner Krawatte betrachtet. Du hast in den bleichen Märzhimmel geschaut: kein Sonnenbad heute. Ein Ägypter bist Du gewesen, aus der Dynastie des Echnaton, schlank, ein leichtgebauter Körper, darauf ein großer

Kopf von männlicher Schönheit; Dein etwas zu regelmäßig geratenes Offiziersgesicht, auf das Deine Freundinnen so stolz waren, verzog sich hin und wieder zu einem grinsenden Tick, der nicht einmal so unangenehm war. – Versteh mich nicht falsch, versteh mich bitte nicht falsch! Wenn Du nur wüßtest, wie sehr meine Handschrift der Deinen bereits ähnelt.

Du hast Dein Buch aufgeschlagen und mir zugelacht.

»Und? Was sagst du nun?«

Endlich kann ich Dir erzählen, wie schrecklich die Angst war, die in solchen Augenblicken von mir abfiel. Kraft und Glück durchfluteten meine Glieder, und ich lachte zurück, während ich mich aufrecht hinsetzte. Aber ich versagte schon wieder. Was hätte ich auch sagen sollen?

»Ja. Ich weiß nicht.«

Du hast gelacht und im Buch geblättert, *Die Welt als Wille und Vorstellung, Über die vierfache Wurzel des Satzes vom zureichenden Grunde* oder *Parerga und Paralipomena*, aus dem Du mir vorgelesen und das Du mir zu erklären versucht hast – Worte, die mir genauso geläufig waren wie die ersten Worte aus meiner Lesefibel. Und »Paralipomena« war ein Geheimnis, wie es der Satz »Die Kuh steht auf der Weide« einmal gewesen war. Es war Schopenhauer, und manchmal habe ich sogar einiges davon begriffen, aber viel öfter waren Deine Worte wie ein Regenguß, dem ich auf einer Bank im Wald ausgesetzt war, in einem Wald, wo alles hoch und dunkel wurde, mir zur Seite nur eine bemalte Botanisiertrommel und darin ein paar Pflänzchen, Blümchen, Steinchen, die ich gerettet hatte aus endloser Landschaft, wo es dämmerte und die Nacht sich schon zwischen Sträuchern und Wegen einrichtete. – Nein, nein, natürlich verstehst Du nicht, was ich damit meine. Ich meine nichts. Ich sage, was ich sage. Wenn ich Dir eine Orchidee gebe, die ich gezüchtet habe, fragst Du dann auch, was ich meine? *Ich meine eine Orchidee.* Gütiger Gott. Ich versuchte Dich doch auch nicht zu verstehen, als Du über Schopenhauer sprachst, ich – Ja, gut, gut, ich bin schon still.

Ich liebte dich, verstehst Du, ich schaute in Dein Gesicht mit dem Monokel, und wir tranken den Kaffee, den Frieda hereinbrachte, und wir lachten, und wir ließen uns noch mehr Kaffee bringen, und ich bat Dich darum, Hegel nochmals mit den Worten Schopenhauers für mich auszuschelten.

»Dieser Philosophieprofessor mit seiner Professorenphilosophie! Der freche Unsinnschmierer Hegel! Dieser verlogene Alltagskopf mit seiner Afterphilosophie!«

Wir lachten darauf los. Und etwas später hast du mit hocherhobenem Arm im Zimmer gestanden und gerufen:

»*Habe nun, ach! Philosophie,*
Juristerei und Medizin,
Und leider auch Theologie
Durchaus studiert, mit heißem Bemühn.
Da steh' ich nun, ich armer Tor
Und bin so klug als wie zuvor!«

Und so weiter, eine Viertelstunde, eine halbe Stunde lang. Du hast alle Register der Schauspielkunst gezogen, um den Verzweifelten zu spielen, hast die Arme ausgestreckt nach den eingerahmten Kriegsmedaillen über dem Schreibtisch, die den Mond darstellen sollten, hast voller Ekstase auf Nostradamus' *Zeichen des Makrokosmus* (der Ziersäbel: »Von deiner Mutter«) gestarrt und bist beim Erscheinen des Erdgeistes (ich) entsetzt zurückgetaumelt, die Arme vor den Augen.

Ich kannte alles schon in- und auswendig. Es war still. Seufzend, an der Nagelhaut zupfend, hast du nach draußen geschaut und nach einer Weile gesagt: »Scheiße«. Und etwas später: »Überscheiße.«

Auch so konnte es sein zwischen uns – selbst wenn es in der Vergangenheitsform erzählt werden mußte, weil es kein HEUTE ist. Doch so stark unterscheidet es sich davon auch wieder nicht, denn ein »Gespräch« war es ebensowenig, es war bloß die andere Seite des Einbahnverkehrs. Wieviel habe ich doch von Dir gelernt! Gefallen zu finden am Denken, an der Nichtselbstverständlichkeit; zu begreifen, daß die Welt nicht ein Axiom, sondern eine Aufgabe war. Glaube nicht, daß ich noch immer mit Dir zerstritten bin. Was ich gerade tue, ist, mir Deinen Namen zuzueignen. Vater – das ist Dein Name. Nur Feiglinge benutzen ein Pseudonym. Freilich denkt kaum jemand mehr an Dich, wenn er unseren Namen hört. Und nahezu jeder Sohn wird nach dem Tod seines Vaters zum Nekrophilen, jeder auf seine Art. Ich grabe und grabe und esse und esse. Der Basileus Michael Stratioticus ließ alle Straßen von Byzanz aufreißen, um ein Kinderspielzeug suchen zu lassen, das er als Kind verloren hatte. War er darum weniger der Basileus? Nein, erst dadurch wurde er zum Basileus! Erst so wird es ernst.

Der Basileus... Wenn ich mich mit Dir unterhalte, komme ich wie von selbst auf Obrigkeiten zu sprechen. Nun, wo das zwanzigste Jahrhundert seinem Ende zugeht, sind sie fast verschwunden, Deine Basileis: Stalin, Churchill, Roosevelt, Mussolini. Die Welt stinkt nach besseren Zeiten. Im Interregium, unter dem wir leben, erscheint eine neue Fratze am Horizont: die meine. In den Städten rotten sich Menschen zusammen, deren Gesichter keiner kennt. Den Weg zur Macht brauchen sie sich selten selbst zu pflastern. Die Kapitalisten kitzeln ihre Frauen noch zum letzten Male mit den Banknoten zwischen den Beinen und vermieten Tribünenplätze an vollgefressene Sozialisten, die zur unbändigen Freude der Kapitalisten (und Kommunisten) Marx abschwören und tausendfach zugrundegehen wie einst die Protestanten, nachdem sie die einzige Stärke des Christentums über Bord geworfen hatten: die katholische Liturgie.

Traurig erkenne ich mich in Mossadegh wieder, dem großen, weinerlich nationalisierenden Vorläufer im Schlafanzug. Aufgeregt erkenne ich mich in Chruschtschow wieder, der mit seinem Schuh auf den Tisch haut, wovor die von guten Manieren und schlechten Ehen starr und steif gewordenen Diplomaten noch mehr erschrecken als vor seinen Worten. Romantisch erkenne ich mich in Fidel Castro wieder, der mitten in der Nacht bei einem Freund klingelt und um ein Bett bittet, denn er wohnt nirgends. Wie sehr träumte ich unter Hitler doch von solchen Herrschern! Denn der war die Korrektheit in Person, kannte keine erotischen Ausschweifungen, trank nicht, rauchte nicht, aß kein Fleisch, sprach regelmäßig von Gott, bezahlte bis zum letzten Tag seine Kirchensteuer und heiratete noch kurz vor seinem Tod, weil die Leute sonst vielleicht reden würden. Je mehr fröhliche Schweiger in Sachen Gott auftauchen, desto lebenswerter wird die Welt. Gefoltert erkenne ich mich in Chessman wieder, der, im Gas erstickend, die Gerechtigkeit und das übersichtliche Denken in Verruf bringt. Pontifikal erkenne ich mich in dem gallischen Gaullem wieder, der sagt: »Frankreich und ich«. Als Sonntagskind erkenne ich mich in Kennedy wieder, der seinen Bruder Bobby zum Justizminister ernennt und ihm sagt: »Du solltest dir die Haare kämmen.« Auch der völlig neue Jazz, der in Afrika zu philharmonischen Ehren kommt, erfüllt mich mit Freude, und andächtig lausche ich General Li Tschi Mingh, der in Peking dichtet:

Die verehrte Atombombe
Zerplatzt wie eine ferne Seifenblase,
Leise, friedlich, dem Ohre schmeichelnd.
Ruhig und wohltuend ist die Pilzwolke,
die in der Abendluft von Honan sich wölbt.
Staub fällt lieblich herab wie Tau,
wie das Blättchen einer Rose.
Mein Großvater dreht sich im Schlafe um
Und murmelt: »Es sind Gäste vor der Tür,
empfange sie mit Ehrfurcht.«
»Schlafe friedlich weiter, verehrter Ahn«,
Sage ich. »Es ist nichts. Morgen
bricht ein schöner Tag an.«

Auch Mao, der in Honan geboren ist, preist dieses Gedicht; und vor diesem Dichter, der dabei ist, ein Viertel der Weltbevölkerung in eine Atommacht zu verwandeln, die Amerika und Rußland einander winselnd in die Arme treiben wird (und dann wehe,

Europa!), stehen Generationen von Apokalyptikern im Hemde da, von den radikalsten Futuristen bis zu den Blumentröpfen in Zen Francisco.

Das ist übrig von Deiner Welt. Und nur der, der noch nicht so genau zu wissen glaubt, welche Parteien den nächsten Krieg untereinander austragen, kann etwas davon begreifen. Denn wo er auch stattfindet, hier in Europa wird sich alles mindestens genauso verändern wie anderswo – und zuerst werden die abgedroschenen Phrasen verschwinden. Unsere NATO-Intellektuellen werden übrigens eines Tages erkennen müssen, daß »der Westen« vielleicht gerade deshalb so handlungsunfähig ist, weil sie der Ansicht sind, daß es wunder was zu »verteidigen« gäbe. Dann wenn wir uns selbst einzubekennen wagen, daß alles, was wir zu verteidigen haben, nichts ist als eine Menge Alteisen auf einem Misthaufen, aber daß *wir* das nun einmal sind und auch bleiben wollen – dann könnte vielleicht noch Hoffnung bestehen. Heitfrei, Christliche Ciltur, Eichentum, Schenmenwürde, der psichologysche Roman, Damokretie: Die ganze Journaille hat der Welt nichts und uns kaum noch etwas mitzuteilen. Die Eisenhouweramerikaner haben dies für alle Zeit verpfuscht. Aber für die meisten bedeutet diese Erkenntnis eine Niederlage; für die meisten ist dieser Phrasenzyklus das einzige, was sie zu verteidigen haben. In doppelter Hinsicht gilt dies für die Niederlande, die sich, um weiterhin der Psychologie des Oberfeldwebels gehorsam sein zu dürfen, innerhalb von zehn Jahren von einer vorlauten imperialistischen Macht zu einem der verächtlichsten Arschkriecher Amerikas gewandelt haben. Das ist auch dem Rest der Welt schon unangenehm aufgefallen.

Das einzige, was wir in Europa noch sagen können, ist folgendes. *Selbstverständlich* ist es in der Sowjet-Union, in China besser: Dort steht man nicht nur zu seinen Worten, dort braucht man auch nicht schnell etwas zu erfinden, nur weil man *gegen* irgendetwas ist, so wie wir – wir aber wollen die Sickergrube bleiben, die wir sind, das Bollwerk des Zweifels. Wir, die wir die Ideen geliefert haben für alle, die uns umdrängen (und selbst die Konfektionsanzüge, in denen die afrikanischen Herrscher im Augenblick die Macht übernehmen, sind in Europa erdacht worden), wir wollen das abgedankte, verluderte, ideenreiche Völklein bleiben, das wir sind, bis zur Kehle mit Krankheit und dem Blut von Unschuldigen angefüllt. Doch dann sollten wir auch nicht vorgeben, mehr zu sein, als wir sind, Wut und Lachlust außerhalb von Europa könnten uns eines Tages in fataler Weise zum Verhängnis werden. Und niemals dürfen wir vergessen, daß es nur ein einziges wirkliches und respektables Wort gibt: *Revolution*.

Und so, das einundzwanzigste Jahrhundert in Sicht, nehme ich Abschied von Dir. Ich nehme Abschied von Dir, in meinen Ohren gellt schon das Gelächter des einundzwanzigsten Jahrhunderts, das keinen Unterschied mehr machen wird zwischen den Toten der Konzentrationslager, denen von Verdun oder Hiroshima und den Toten der Autowracks auf den Straßen, zwischen den Experimenten mit Menschen in den Todeslagern, denen auf russischen und amerikanischen Versuchsfeldern und denen der Psychologen in den modernen Universitäten. Das alles werden dann nicht mehr »die anderen« sein, sondern *die im zwanzigsten Jahrhundert:* wir. Lebwohl, erst jetzt bist Du gestorben und erst jetzt kommt Deine Seele zur Ruhe. Nichts wird so schnell veralten wie dieser letzte Abschnitt, ich fühle ihn schon unter meinen Fingern sterben. Und so soll es sein. Ich wollte meinem Porträt ein Stück vom Tod mitgeben – ein Stück von Deinem Tod, Deinem unendlichen Tod.

ACHTES HEUTE (1958)

Noch nackt und naß vor dem Waschbecken stehend, fällt mein Blick auf das Fläschchen Tosca, das ich von meines Vaters Sterbebett mitgenommen habe. Ich schraube den Verschluß auf und rieche daran, rieche den verkommenen Gestank seines Todes. Aber dann rutscht mir das Fläschchen aus den nassen Fingern, zerspringt auf dem Rand des Marmors in tausend Stücke und das Parfüm spritzt über mein Geschlecht. Ich betrachte es, und die Erkenntnis läßt mich erstarren. Mit diesem Geruch an jener Stelle, ziehe ich mich an und verlasse das [sechste] Haus – weil ich gerade an einem Theaterstück über den Ketzer Tanchelin schreibe, der behauptete, daß Gott Tanchelin sei, habe ich eine Verabredung getroffen mit Lou, der behauptet, daß Gott Lou sei.

Es ist halb acht abends; auf dem Platz der Artisten, Künstler, Gangster, Mannequins, Verführer, Homosexuellen, Millionäre, Gelehrten, Gammler und Honoratioren, wo ich wohne, wartet mein Freund Hein, der Schachgroßmeister. Beim Taxistand kommen wir zu dem Schluß, daß man nicht im Taxi bei Gott vorfährt – und obwohl es leicht regnet und schon dunkel ist, machen wir uns auf den Weg zu der Adresse, die mir genannt worden war. Bei allen Türstehern der Stadt bekannt, streifen wir seit Monaten zu jeder Tages- und Nachtzeit durch Amsterdam, die Mutterstadt, in die ich aus meiner Vaterstadt gezogen bin, besuchen abwechselnd Kneipen und Jazzkeller, Badehäuser, Bibliotheken und verfallene Gebäude, in denen die Lou-Sekte zusammenkommt, frühstücken auf dem Bahnhof und schlafen nur, wenn die Sonne allzu grell scheint.

»Wer Gott sieht, muß sterben«, ruft Hein angstvoll und rudert mit den Armen. »Lou wird über mich kommen, ich fühle es, ich fühle es. Es wird etwas Schreckliches mit mir geschehen.«

»Wirf dich auf zum Paulus der Bewegung. Grips ist das einzige, was ihr zu einer Weltreligion noch fehlt.«

»Das überlasse ich dir. Ich werde der geringste seiner Diener sein, nur noch im Gebete aufschauen zu ihm und versinken in vollkommene Debilität. Ich habe es schon immer gewußt.«

»Ich bin zum Petrus auserkoren. Ich werde ihn verleugnen, ihn kreuzigen lassen, vor allen Leuten heulen und dann die Macht ergreifen. Ich werde der petrinische Steinmensch sein, das heilige Mineral, der Fels mit einem Hut auf.«

»Lou wird dich zerschmettern mit der Kraft seines rechten Armes. Es heißt, er soll nicht sterben können, ich glaube es, ich glaube es!«

Über unseren Köpfen dröhnt ein funkelndes Flugzeug. Durch die hastenden Autos hindurch gehen wir über den Platz mit den Museen und dem Konzertgebäude. Der Regen wird stärker, und im Glanze des Verkehrs sehe ich mich durch den Abend gehen: mitten in einer Stadt, voll von Worten und Lachen und einem phantastischen Plan. Das ist eine Freundschaft im zwanzigsten Jahrhundert.

In der glattpolierten, stillen Gegend von Südamsterdam, wo überall noch der stille Geist jüdischer Überlebender zu spüren ist, unterhalten wir uns über das Christentum. Ich nenne es die größte Schande Europas. »Wozu taugt es denn noch außer zum Argument für die Militärs? Wer wirklich nach dieser von sämtlichen Ministern und Seelenhirten und Fabriksdirektoren herausgebüllten Religion lebt, wandert doch augenblicklich ins Gefängnis oder ins Irrenhaus. So ist das, wenn man einen Sklavenglauben zur Staatsreligion macht.«

»Wished I said it myself. Das Wundervolle am Christentum ist doch gerade seine Korrumpierbarkeit. Denk doch nicht immer so moralisch. Was für ein Interesse hast du an einem reinen Christentum?«

»Ich bin nicht opportunistisch genug für allzu große Gegensätze von Reden und Tun. Was sie tun oder lassen wollen, kümmert mich nicht, aber das, was sie sagen, schon.«

»Halt, Moment mal. Wenn Hitler nun jeden Tag ein Kommuniqué über die Anzahl der Vergasten in Auschwitz ausgegeben hätte, hätte das irgend etwas geändert?«

Ich denke kurz nach. Unsere Schritte hallen wider in der verlassenen Straße.

»Ja, hätte es.«

»Für die Juden nicht.«

»Aber für Hitler«

»Vielleicht. Das Unglaublichste an Hitler ist wahrscheinlich, daß er ein neues Tabu geschaffen hat. Vor ihm durfte man schon nicht mehr behaupten, daß man die Juden nicht leiden könne – nach ihm aber darf man nicht einmal mehr sagen, daß man sie gerne mag. Das ist genauso verdächtig. Man darf überhaupt nichts mehr über die Juden sagen.«

»Dieses Tabu hat also sechs Millionen mal fünf,

also dreißig Millionen Liter Blut gekostet. Damit kannst du den ganzen Mond rot anmalen.«

»Wie kommst du denn da drauf? Bei weitem nicht. Wie groß ist der Radius des Mondes? Ein Viertel vom Erdradius, schätze ich. Der Erdumfang beträgt vierzigtausend Kilometer, das sind $2\pi r$; dann ist r ungefähr... vierzigtausend geteilt durch sechs... sechseinhalbtausend Kilometer. Der Umfang des Mondes also ungefähr sechzehnhundert Kilometer. Kugeloberfläche $4\pi r^2$. Das wird, sagen wir mal, mit dreizehn mal... Wieviel ist sechzehnhundert im Quadrat? Sagen wir mal zweieinhalb Millionen... also mal dreizehn, macht dreißig Millionen Quadratkilometer. Verrückt, was? Ein Liter pro Quadratkilometer. Du würdest nicht einmal genug haben für die Vorderseite, nicht einmal für ein Prozent davon.«

»Aber man würde es vermutlich mit bloßem Auge doch noch sehen können.«

»Ja, wahrscheinlich. Donnerwetter noch mal! Hitler, der den Mond rot anmalt mit dem Blut der Juden. Dieses Bild wirst du nie benutzen können. Und was denkst du über all die anderen Opfer? Und über die Deutschen? Er war der echte Antichrist. So wie Christus für die Sünden der Menschheit gestorben ist, so ist das deutsche Volk für Hitler gestorben, mit all seinen Sünden beladen.«

»Und er selbst schließlich so unschuldig wie ein Neugeborenes. Daraus werde ich vielleicht mal ein Drehbuch machen. Das scheint mir doch für die Zukunft ein viel schönerer Mythos zu sein als der von Lou.«

Wir bleiben stehen und schauen uns um. Hier irgendwo müßte es sein. In alle Richtungen verzweigen sich Straßen mit Namen von Renaissancemalern. In fast all diesen Straßen bin ich früher schon einmal mit meiner Mutter gewesen, bei Juden, die es nicht mehr gibt. Wir irren weiter umher, lesen alle Schilder und erzählen uns die Machtphantasien unserer Jugend: die donnernden Symphonien, wie wir dirigierten, die Millionenheere, die an uns vorbeidefilierten, die Universitäten, die unsere Gedanken zum Gegenstand von Studien machten. Und dann bleiben wir wieder im kalten Regen stehen und fragen uns, ob es die Straße, die wir suchen, überhaupt gibt. Ich halte meine Hände vor den Mund und brülle:

»Gibt es hier auf diesem Russischen Felde noch eine lebendige Seele?« Als mein Geschrei zwischen den Häusern verhallt ist, sage ich: »Alles ist tot, und überall liegen Leichen. Nur die Menschen gibt es noch, und sie umgibt ein Schweigen: Das ist die Erde. – Dostojewski.«

Um die Ecke kommen zwei kleine Mädchen in Regenmänteln und schauen uns an.

»Warum schreien Sie wie ein Verrückter?« fragt die Jüngere, ungefähr neun Jahre alt.

Weil ich weiß, daß es keine größeren Spießbürger gibt als Kinder, schlage ich einen höflichen Ton an.

»Dieser Herr hier ist auf der Suche nach seinem Vater. Wir glauben, daß er in der Bellinistraße wohnt. Wißt ihr vielleicht, wo die ist?«

»Wir bringen Sie schnell hin«, sagt die Ältere. »Gehen Sie einfach hinter uns her.«

Nachdem wir ihnen schon eine Weile mit gerunzelter Stirn gefolgt waren, sieht die Jüngere sich immer öfter kichernd nach uns um und geht schließlich rückwärts, ohne Hein aus den Augen zu lassen. Hein wirft ihr einen strengen Blick zu, und sie kann sich kaum halten vor Lachen. »Was für ein großer Herr!« ruft sie und stelzt prustend und mit seltsam vorgestrecktem Unterleib auf ihn zu, nur um dann plötzlich wieder vorauszulaufen.

»Wir müssen sie loswerden«, sagt Hein und schaut sich unbehaglich um. »Man wird sonst glauben, daß wir es auf sie abgesehen haben.«

Nun wirft die Ältere mir einen obszönen Blick zu; als ich ihr zublinzele, stolpert sie und fällt der Länge nach hin, steht aber gleich auf und geht weiter. »Schneider, Schneider, meck, meck, meck!« kräht die Jüngere währenddessen und springt um Hein herum, worauf die andere in schallendes Gelächter ausbricht.

»Die Sache wird mir zu brenzlig«, sagt Hein. »Du kannst mich mal. Ich laß Lou sausen.«

»Du irrst dich. Da ist niemand. Du hast nur noch nicht gemerkt, daß wir beide tot sind. Die beiden da sind zwei Engelein, die uns zu Gottes Richterstuhl bringen. Probier die doch mal zu vergewaltigen. Du hast keinen Körper mehr.«

Unruhig lächelnd, einen Kopf größer als ich, trottet er weiter neben mir her. Als die Mädchen sehen, daß wir uns unterhalten, beruhigen sie sich, und kurze Zeit später sind wir in der Bellinistraat, klingeln in einem dunklen Torbogen, und wer öffnet uns die Tür? Jan D., Psychologe und Magnetiseur, Konsultationen ausschließlich nach Vereinbarung – Jan D. mit den Menstruationsschmerzen.

Im Hausflur frage ich ihn noch schnell aus. Er sei jetzt im Quittenmarmeladegeschäft und war schon seit ein paar Jahren »in Lou«. Ja, er glaube, daß Lou

Gott sei. Ob er einen hohen Grad besäße? Geht so. Nein, nicht so etwas wie ein Kardinal. Seine Freundin habe einen hohen Grad, die wohne sogar hier. Nein, eine andere als damals. Stimmt, Lou verbiete den Geschlechtsverkehr. Überhaupt nicht mit ihr ins Bett? So sei es nun auch wieder nicht. Aber immer seltener.

»Und du bist inzwischen ein berühmter Schriftsteller geworden«, lacht er. Der Tick durchschüttelt nach wie vor sein Gesicht.

»Aha. Du zweifelst also auch an Lou?«

Er schnüffelt an mir vorbei.

»Wie stark es hier plötzlich nach Eau de Cologne riecht...«

»Das bin ich. Glaubst du, ich erscheine ungesalbt vor Gott?«

Dann kommt seine Freundin aus der Küche, nicht mehr die jüngste.

»Ich bin gerade beim Geschirrspülen. Treten Sie doch bitte ein.« Sie hält die Tür auf, und an der Schwelle bleiben wir stehen.

In einem Sessel beim Kamin sitzt Lou, raucht eine Zigarre und blickt auf einen Mann von ungefähr sechzig, der vor ihm auf dem Erdboden kniet und zu ihm aufblickt. Sie flüstern leise miteinander.

»Nehmen Sie doch Platz«, sagt die Freundin. »Wollen Sie Tee oder Kaffee?«

»Harry trinkt nur Kaffee«, sagt Jan, führt uns zu Lou und stellt uns fröhlich vor, über den knienden Mann hinweg.

»Das ist Herr Mulisch – und das Herr Donner. Du weißt doch, Lou, die beiden Herren, die sich gerne mal mit dir unterhalten wollten.«

»Ach ja, die beiden Herren«, sagt Lou, reicht uns eine schlaffe Hand und nickt, während er uns ansieht.

Nein, er sieht uns nicht an. Blaßblaue Augen gleiten über uns weg, aber uns trifft nichts, was einem Blick gleichkäme. Als ich ihm kurz in die Augen sehe, rieche ich im gleichen Moment den Toscageruch des Todes um mich, und ich bin froh, als Jan uns Stühle anbietet. Der Mann auf dem Boden steht auf, küßt Lou auf den Mund und verschwindet durch die Zwischentür. Während Jan erklärt, wer wir sind, versuche ich, mir von dem Mann am Kamin irgendein Bild zu machen. Ein hoher, kahlwerdender Kopf, breite Jochbeine, ein Mund, der früher vielleicht verkniffen war, jetzt aber ausdruckslos geworden ist; eine auffallend glatte Haut. Er trägt einen dunkelblauen Seemannspullover mit einem Reißverschluß, der am Hals offensteht, sitzt bequem zurückgelehnt und lutscht an seiner Zigarre. Eben, als der Mann ihn küßte, küßte er ihn nicht zurück, er schaute ihn nicht einmal an, ja, schien überhaupt nichts davon zu bemerken.

»Es sind schon oft Journalisten und Theologen bei diesem Lou gewesen«, beginnt er in einer behäbigen, einfachen Sprache. »Alles Waschlappen. Lou hat ihnen ganz schön zugesetzt.« Er lacht spitzbübisch – doch ich glaube, das Lachen gilt nicht uns: Es ist, als hätte er dies alles auch gesagt, wenn er allein im Zimmer gewesen wäre. »Wir haben auch Professoren, Ärzte und Psychiater unter uns, die sagen, daß sie in Lou seien, und dann schreiben sie lange Gutachten für die Universitäten des Verderbers, aber Lou hat sie erkannt, nur wissen sie es nicht.«

»Ach ja, Lou?« fragt Jan und beugt sich interessiert vor. So wie ich ihn kenne, wird er morgen an die Universität schreiben. Was vermutlich auch in Lous Absicht liegt.

»Ja. Sie denken: Hahaha, nicht mehr sterben, der Mann ist verrückt. Aber es ist der Satan, der aus ihnen lacht: Hahaha.«

»Wirst du niemals sterben, Lou?« frage ich.

»Nein, mein Junge.«

Die Hand in seinem Schoß bewegt sich wie eine Seeanemone. Leise, ohne den Versuch zu überzeugen und ohne das geringste Blinzeln mit den Augen sagt er: »Nein, mein Junge«, als hätte ich ihn gefragt, ob er erkältet sei. Neben ihm auf dem Kaminsims steht sein gerahmtes Porträt: Es gibt keinen Unterschied zwischen ihm und dem Bild. Ich sitze auf einem Stuhl mit gerader Lehne, höher als er, höher auch als Hein, der ihn anstiert, und frage:

»Bist du Gott, Lou?«

Als würde er auch ohne meine Frage geantwortet haben, sagt er:

»Lou predigt Jesum Christum im Leibe, welcher ist sein Auferstehungsleib, mit seinem neuen Namen und dieser ist Lou. Es gibt keine Empfängnis mehr des Heiligen Geistes, es gibt nur noch Empfängnis des Leibes Gottes. Hast du nie gelesen, daß dein Leib Gott gehört? Solange die Sünde noch herrscht über dich, ist dein Leib des Teufels. Die aber den Leib erkennen, sind des Leibes selbst nicht mehr. Denn solange du des Denkers Knecht bist, bist du tot, abgestorben der Knechtschaft des Denkers. Und solange der Mensch noch denkerisch gesinnt ist, ist er des Todes. Ich sage euch nur das eine: Atombombe. Hat man diese unter einem Baum aufgefunden oder hat man sie sich ausgedacht? Sie ist gedacht. Der Denker hat sie erdacht. Er hat uns auch die Radioaktivität gegeben, die um die ganze Erde ist. Alles ist der Herrschaft des Verderbers, des Denkers, untertan, und dein Verstand hat nicht wenig Schuld daran. Denn der Denker in deinem eigenen Kopf ist dein Verderben auch. Und von dort wird er die Menge verderben durch die Radioaktivität, denn diese ist in der Stratosphäre und in der ganzen Welt, und sie sinkt hinab in die Atmosphäre und heute oder morgen kriegst du sie vorgesetzt und ißt sie. Und nicht ein Mensch ist mehr auf Erden, der sie nicht in sich hat. Und nicht ein Kind wird mehr geboren, welches sie nicht im Rückenmark hat. Und nun willst du gewiß fragen: Was aber ist der Nicht-Denker und was der Nicht-Verderber? Das ist der Allwissende. Das Wissen liegt tot unter der Herrschaft des Denkers. Der Denker muß denken, weil er nichts weiß, er ist der Dunkelmacher, der herrscht in Finsternis und predigt dem Volk mit dunkler Sprache, die man nicht versteht. So bleibt das Verderben durch den Verderber im Staube, und es ist dieser Denker, den wir austreiben müssen, damit das Wissen dem Denker ein Widersacher sei.«

In diesem Augenblick öffnet sich die Zwischentür einen Spalt weit und schließt sich wieder – hat jedoch eine Katze hereingelassen, wie ich noch nie eine Katze gesehen habe: eine monsterhafte Angorakatze, die eitel und prachtvoll stehenbleibt und im Zimmer umherblickt.

»Und also ist dieser Lou gekommen, dieses Wissen gottesfürchtig zu erwecken. Kein Wunder, daß die Menschen lachen, wenn sie hören, mit diesem Lou sei die Unsterblichkeit in die Welt gekommen. Dann lacht man. Natürlich kann man lachen. Solange in euch nur Verderbnis ist und Sterblichkeit, wird euch nichts anderes zuteil werden als Verderbnis und Sterblichkeit. Dies sei nur zur Bekanntmachung derjenigen, die Gott im Leibe empfangen haben. Aber dazu muß erst dein Ich verschwinden, denn in diesem Ich ist der Denker und der Verderber. Wenn du ich sagst, dann sagt der Satan ich. Diesen Satan treibt Lou aus. Nie wird es möglich sein, daß der Mensch zu Gott kommt. Der Mensch muß verschwinden. Ich werde sein, der ich sein werde, spricht Gott, der Herr – wer aber auf seinem Ich beharrt, beharrt auf dem Ich des Satans, und das Ich Gottes kann nicht in ihn kommen. Wenn das Ich Gottes im Staub ist, dann kann Gott sich selbst erkennen. Hast du nicht gelesen: Staub bin ich und zu Staub werde ich? Und weil du weißt, daß Gott im Staube ist, wirst du Gott im Staube erkennen, denn Gott offenbart sich nur dem Wissen. Wenn der Staub nicht zu Gott kommt, kann Gott niemals Mensch werden. Darum predigt Lou Jesum Christum im Leibe, welcher da ist sein Auferstehungsleib, mit seinem neuen Namen, und dieser ist Lou. An denen, die dies glauben, wird es geschehen, und an denen es geschehen ist, werden es selbst sein. So sehen wir, daß die Menschheit an ein Ende gekommen ist und daß der Schöpfer sich selber erkennt, denn wenn die Schöpfung sagt, sie könne nicht sein, und wenn das Wissen erklärt, es könne nicht sein, so sind beide, das Wissen und die Kreatur unterworfen der Schwachheit. Dann kann Gott der Allmächtige eins werden mit der Ohnmacht. Der Mensch aber ist aus Fleisch gemacht. Dies ist unser Los, und dies ist es, wofür dieser Lou jetzt in die Welt gekommen ist. In der Tat. Der Staub ist wieder zu Gott geworden. Nicht der Mensch, auch nicht wissenschaftlich. Nein, das Eingeständnis des Nichts, das Nichts, das das Nichts erkennt, ist wieder zu Gott geworden. Auch Lou konnte keine Macht finden, um dem Satan zurückzugeben, was des Satans ist, und Gott zurückzugeben, was Gottes ist. Am Ende aber hat er doch die Macht gefunden, eine Macht, die keine Macht ist. Denn diese heißt: das Nichts. Lou bedeutet: Nichts. Das Nichts schuf sich selbst als sich selbst. Damals lag der Staub bloß, und Satan konnte nehmen, was von ihm war. Und er hat genommen. Und auch Gott nahm, was Gottes war. So kam der Staub zurück zu Gott. Die Schöpfung hat den Sieg davongetragen und Gott ist Mensch geworden, und nun ists auch für dich an der Zeit.«

»Nehmen Sie Milch und Zucker?« fragt Jans Freundin, während Lou schweigt, als hätte er nie gesprochen.

»Gerne.«

»Ein Plätzchen?«

»Danke.«

»Lou, für dich auch ein Täßchen Kaffee?«

»Liebend gerne, mein Mädchen. Und biete den Herren doch was zum Rauchen an.«

Ich habe zwar noch nie eine Zigarre geraucht, aber ich bin nicht wie Hein der Meinung, daß ich ein solches Angebot einfach ausschlagen könne. Die Szenerie im Zimmer hat sich inzwischen völlig verändert. Außer der Katze, die sich pompös vor dem Ofen niedergelassen hat und mich in der nächsten

Stunde aus dem Hause jagen wird, ist auch der Mann von eben wieder hereingekommen; seinen Stuhl hat er direkt neben den von Lou geschoben. Auch zwei junge Frauen sind aufgetaucht: Als sie bemerkten, daß Lou sprach, gingen sie auf Zehenspitzen zu ihm hin und küßten ihn auf den Mund, wonach die eine sich auf die Sessellehne setzte und ihm einen Arm um die Schultern legte, während die andere sich hinter ihn kauerte und ihm beide Arme um den Hals schlang. Das alles schien er gar nicht wahrzunehmen, er blickte niemanden an, rührte sich nicht und fuhr monoton zu reden fort – auch als eine dicke, etwa fünfundvierzigjährige Matrone ins Zimmer trat, ihn auf den Mund küßte und sich mit ihrer ungeheuren Gestalt zwischen seinen Beinen niederließ, die sie erst mit einer zärtlichen Geste auseinanderschob, um dann etwas Asche von seinem Hosenschlitz zu klopfen und sich seine freie Hand über die Schulter auf den Busen zu legen. So geschmückt sitzt Gott nun da, dicke Rauchwolken ausstoßend und beinahe unsichtbar geworden.

Ich könnte schreien vor Vergnügen. Die bizarre Szenerie nimmt mich so sehr gefangen, daß mir ein Teil des Gesprächs entgangen ist. Ich habe gehört, wie Hein sprach, und jetzt hat Mies das Wort: die dicke Frau zwischen den Beinen.

»Das war so«, sagt sie und lacht verlegen, »da geh ich doch zum Beispiel die Kalverstraat lang, um einzukaufen, und da denk ich auf einmal: He, du gehst ja gar nicht die Kalverstraat lang. Oder ich träum, ich geh die Kalverstraat lang, werd plötzlich wach, und da geh ich doch glatt die Kalverstraat lang und denk bei mir: Gehst du jetzt die Kalverstaat lang oder träumst du das nur? Das hat mich vielleicht verrückt gemacht, und da les ich Lous Name in der Zeitung und da wars auf einmal weg, ohne daß ich ihn gesehen hätte. Weißt du das noch, Lou?«

»Ja, mein Mädchen.«

»Und nun sind Sie in Lou?« fragt Hein.

»Nun, das weiß man nie. So ist man drinnen und so ist man draußen. Stimmt das, Lou?«

»Aber ja, mein Kind. Wir werden aus dir noch ein großes Mädchen machen.«

»Aber Ihr Mann...«, sagt Hein vorsichtig, »ich meine... ist Ihr Mann auch in Lou?«

»Ich weiß schon, was Sie meinen. Für meinen Mann ists natürlich nicht so schön. Neulich sagt er doch zu mir: Eigentlich müßtest du mir jede Woche 'nen Zehner für die Huren geben.«

Alles bricht in Gelächter aus. Hein wird rot vor Entsetzen.

»Aber das geht doch nicht! Ihr Mann... Sie können doch nicht einfach –«

»Findest du das wirklich so wichtig«, ruft das Mädchen auf Lous Lehne, »die fünf Sekunden?«

»Fünf Sekunden, fünf Sekunden...« stottert Hein.

»Na ja, dann halt zehn!«

Wutschnaubend rutscht Hein auf die Stuhlkante vor und wendet sich zum ersten Mal direkt an Lou:

»Herr Lou, Sie sind doch auch reformiert gewesen, Sie kennen doch die Stelle über –«

»Kannst ruhig du zu mir sagen.«

»... die Bibelstelle über die falschen Propheten!«

»Aber was willst du denn mit der Bibel, mein Junge? Die habe ich doch selber geschrieben.«

Geschlagen fällt Hein in seinen Stuhl zurück.

»Sprich du weiter mit ihm«, sagt er zu mir.

»Und wie steht es da mit den Urheberrechten, Lou?«

Neben mir höre ich einen Schrei. Jan D. hat sich verschluckt. Lou sitzt unter den Frauen und versteht mich nicht. Das Mädchen mit den Armen um seinen Hals sagt:

»Ihr redet immer über das gleiche. Immer findet ihr, *das* sei am wichtigsten.«

»Wenn man den Menschen ihren Willen ließe«, sagt Lou, »wären die Straßen voller Geilheit.«

»He, he, Lou«, rufen einige Frauen. »Was sind denn das für Worte?«

»Das ist vielleicht eine Runde heute abend«, sagt die Freundin von Jan. »Wer will noch Kaffee?«

Jan beugt sich zu mir herüber und fragt:

»Wie geht es Frieda?«

»Ist tot.«

Sein Gesicht wird durchgeschüttelt.

»Ach, tatsächlich? Tut mir leid. Wie schrecklich. Und was macht dein Vater jetzt?«

»Auch tot.«

»Ja, in dieser Sache läuft gerade ein Prozeß«, sagt Hein auf der andern Seite neben mir.

»In welcher?«

»Die mit dem Kind.«

»Welchem Kind?«

»Das gestorben ist, weil Lou den Eltern gesagt hatte, daß sie keinen Arzt holen sollen. Worüber redet ihr denn eigentlich?«

»Jetzt ein Plätzchen?« fragt Jans Freundin.

»Gerne. Dankeschön.«

»Jan, vergißt du nachher nicht, Lou die Schuhe mitzugeben?«

»Nein, Schatz.«

Ich niese. Die Katze hat ihr Werk begonnen. Verstohlen mache ich die Zigarre aus, die nur noch aus Fetzen besteht. Beim Kamin stopfen die Frauen Plätzchen in Lous Mund, streicheln ihm über die Hände und reichen ihm Kaffee.

»Der Geschlechtsakt ist der Auswurf von fünfzig Millionen Würmern und Maden«, höre ich ihn zu dem Mann neben ihm sagen, der düster nickt.

»Der geht sicher mit all den Mädchen ins Bett«, sagt Hein zu Jan.

»Manchmal schlafen sie bei ihm, aber er hat mir gesagt, Gott hätte keine Ejakulation.«

»Aha«, flüstert Hein, »das ist zumindest eine Spur. Welche Rolle spielt denn seine Frau in dieser Mythologie?«

»Sie hat den Apfel zum Baum zurückgebracht. Zusammen sind sie das wiederhergestellte Menschenpaar.«

»Erzähl noch mehr.«

»Als Lou 1950 von schrecklichen Schmerzen geplagt wurde, in denen sich die Bewußtwerdung Gottes offenbarte, hat sie tagelang auf ihren Knien vor seinem Bett gelegen und ihn immer wieder gefragt, ob er der wiederauferstandene Christus sei. Und Lou hat ihr jedesmal geantwortet, daß er es nicht ist. Aber sie hörte einfach nicht mit dem Fragen auf, bis er schließlich sagte, ja, er wäre es.«

»Aha. Die steckt also dahinter. Wo ist sie denn«

»Ich weiß nicht. Vielleicht im Kino.«

Silberling für Silberling strich er ein, Judas D.

Ich frage, ob Lou übernatürliche Fähigkeiten besäße.

»Als er noch ein Mensch war, ja. Da konnte er durch Wände sehen und ähnliches. Seit er aber Gott ist, kann er es nicht mehr. Würde ihn jemand beispielsweise mit einer Tasse Tee vergiften wollen, was sogar einmal geschehen ist, dann hätte er früher gewußt, daß da Gift in der Tasse ist. Aber jetzt trinkt er ihn einfach nicht, weil er keinen Durst hat.«

Das kommt mir nun besonders authentisch vor. Ich versuche, einen Blick des Höchsten Wesens zu erhaschen, aber es gelingt mir nicht: Auch Jans Freundin hat sich nun über ihn geworfen. Ich niese wieder. Ich muß meine Sache schleunigst zu Ende bringen.

»Sag mal, Lou«, rufe ich. »Du bist doch ganz und gar Gott, nicht wahr?«

»Ja«, sagt Lou hinter den Frauen hervor.

»Gut«, sage ich. »Gibt es nun jemanden, der soviel Teufel ist wie du Gott?«

Lou zögert keinen Augenblick.

»Leendert Koperberg! Leendert Koperberg ist eine große Macht in Amsterdam. Er ist so mächtig, daß er schon einmal einen Pastor vor seiner Kirche eine Viertelstunde lang mit hocherhobenen Händen hat stehen lassen. Leendert Koperberg und seine Frau hatten einen kleinen Lebensmittelladen, und oft geschah es, wenn sie etwas aufschreiben wollte, daß sie den Bleistift nicht aufs Papier bringen konnte, und dann sagte sie nur: Laß das, Leendert. Und jedesmal hat tatsächlich Leendert hinter der Tür gestanden und gelacht. Aber Leendert Koperberg hatte seine Macht von Beelzebub, und die Frau von Leendert war in Lou.«

»Ach, tatsächlich, Lou?« fragte die Frau auf der Lehne.

»Ja, Kindchen. Und Leendert Koperberg sagte eines Tages: Diesen Jesus Christus von Muiden da, den will ich doch mal sehen. Und da geht Lou also hin und da geht Lou eine Treppe rauf und durch eine Tür durch und da steht Lou in einem Zimmer. Dort sitzt der Leendert in einem Stuhl. Und da setzt sich Lou ihm gegenüber. Und da sagt Leendert: So. Du also bist der wiedergekehrte Jesus Christus. Und Lou antwortet: Es ist, wie Ihr sagt. Da sagt Leendert: Ich bin die größte Macht von Amsterdam. Und Lou sagt: Freut mich. Da steht Leendert auf und fängt an, Lou zu beschwören mit den schlimmsten und schrecklichsten Beschwörungen und zu verfluchen mit den mächtigsten Flüchen. Und was er sonst noch alles sagt, das weiß Lou nicht mehr, aber das Letzte war: Das Höllenfeuer soll dir ewig gewiß sein, wenn du mich nicht anerkennst als größte Macht von Amsterdam. Da steht Lou auf und sagt: Diesen Satan hat *Lou* besiegt. Und Leendert sackt in seinem Stuhl zusammen und seine Frau kommt herein und sagt: Leendert, Leendert, was ist los mit dir, Leendert, du stirbst, du wirst ja ganz rot, du wirst ja ganz blau, du wirst ja ganz grün.«

»Der muß ja ausgesehen haben wie ein Regenbogen«, witzelt Mies zwischen den Beinen.

»Aber Leendert stottert nur noch: Meister dem Meister. Vierzehn Tage später kommt Leendert zu Lou und sagt: Lou, ich habe dein Horoskop gestellt, ich habe mir im Anna Paulownapolder deine genaue Geburtszeit geben lassen, aber du gehst mir im Jahr 1950 verloren. Lou, eigentlich müßtest du schon lange tot sein. Ich gebe ihm zur Antwort: Leendert, das ist auch so. 1950 ist der Satan in mir gestorben. Da sagt Leendert: Lou, meine Augen sehen dich hier vor mir stehen, ich muß dich anerkennen: Du bist Jesus Christus. Aber Lou, ich bin sehr stur. Sei vorsichtig mit mir. Will mich Stückchen für Stückchen bekehren lassen. Und Lou sagt: Leendert, wir werden dich bekehren, Stückchen für Stückchen.«

Eine vorletzte Theorie

> *»Glaube mir, mein Kind«, sagte er, »die Leere, das ist der Welt Seele. Das ist das Wirkliche. Das bist du, o Swetaketu.«*
> *»Laßt mich noch mehr verstehen, Herr.«*
> *»Gut, mein Kind«, sagt er.*
> CHANDOGYA UPANISHAD

Solange mein Vater lebte, existierte er nirgendwo anders als an einem einzigen Ort der Welt, und dort war er unerreichbar. Seit er nicht mehr lebt, ist er an allen Orten der Welt (nicht). Wenn ich nach seinem Tod durch Venedig gehe, dann ist er dort auf eine andere Art nicht als zu seinen Lebzeiten. Venedig ist eine Stadt in einer Welt, in der er überall (nicht) existiert. Solch ein Nichtexistieren, das nicht irgendwo anders durch ein Existieren bestimmt wird, ist eine zweite Art der Existenz: Es ist ein Sein, das allgegenwärtig ist. Für dieses Sein ist die Unerreichbarkeit kein Anreiz, sondern eine schöpferische Bedingung.

Dieses Sein des Nichtexistierens offenbart sich der zweiminütigen Stille einer tausendköpfigen Menge:

Das ist keine Menge, die schweigt, sondern das Schweigen, das tausendköpfig spricht und die Menge erst erschafft. Den Upanishaden offenbart es sich im leeren Inneren der Frucht, aus der der Nyagrodhabaum erwächst. Rilke offenbart es sich in einem abgerissenen Haus: Dann erst ist es ein Haus. Dem Kaninchen offenbart es sich in den Augen einer Schlange, die es nicht sieht. Paulus offenbart es sich in der schreienden Abwesenheit Gottes in der Natur: Darin wird sein Gott geboren. Hitler offenbart es sich, wenn er am Ende in seinem Bunker telefonisch Heere befehligt, die es gar nicht mehr gibt: Dann erst ist er *Oberster Befehlshaber*. Dem Kind offenbart es sich, wenn es sich eine Muschel gegen das Ohr hält: Das erst ist das Meer. Saint-Exupéry offenbart es sich im Flugzeug, das sich im stillen Herzen des Zyklons verliert. Lao Tse offenbart es sich in jener Leere einer Vase, welche die Vase ist. Dem alten Torero offenbart es sich in der verlassenen Arena: Das erst ist »die Stunde der Wahrheit«. Dem Griechen offenbart es sich in der reglosen Hitze des Mittags: dem Großen Pan. Dem ehemaligen Häftling offenbart es sich auf dem menschenleeren Appellplatz eines zum Museum gewordenen Konzentrationslagers.

Und sollte jemand der Meinung sein, daß dieses allgegenwärtige Sein des Nichtexistierens ebensogut »Gott« genannt werden könnte wie »Nichts«, dann sollte er gleichzeitig bedenken, daß dieser Gott ausschließlich die folgende Eigenschaft besitzt: Kreativität, und weiter nichts. Keine Liebe, keine Wahrheit. Nur durch Kreativität kann man mit Ihm in Verbindung treten, und das Talent ist das Loch, die Wunde, die Vagina, das fehlende Fleisch: das, was man nicht hat wie all die anderen. Dieser Gott existiert nicht. Dieser Gott ist sein Nichtexistieren. Dieser Gott ist, weil er nicht existiert.

Das ist die nihilistische theologische Weisheit, zu der ich in den 33 Jahren meines Existierens gelangen konnte. Und also werde ich nicht am Kreuze sterben, sondern zurückkehren zu den Menschen.

NEUNTES HEUTE FÜR ALLE ZEIT
(1960)

Und so sitze ich zum Beispiel inmitten Tausender von Menschen auf der Piazza San Marco – denn seit meines Vaters Tod ist jeder Tag durch seine Abwesenheit zu einem HEUTE geworden – und ich sitze dort Tag für Tag, ich sitze dort für alle Zeit: meinen Bauch voll Ambrosia, den Auftrag in meinem Knopfloch und über meinem Kopf den bösen Traum.

Diese *piazza* ist kein Platz. Ich will gar nicht erst versuchen, sie zu beschreiben, denn sie ist unbeschreiblich. Es ist der einzige Platz, sagte Napoleon, der es wert sei, vom Himmel bekrönt zu werden. Morgens um elf setzen wir uns hierher, meine Freundin und ich, wir essen mittags hier, essen abends hier, trinken unter Musikbegleitung Kaffee auf den Terrassen, beobachten Tauben und Menschen und lesen die New York Herald Tribune. Nixon oder Kennedy? Warum ist der Doge eine eindrucksvollere Institution als der Präsident der Vereinigten Staaten? Mir will der Doge nicht mehr aus dem Kopf. Er hatte weniger Macht als die Königin der Niederlande und durfte nicht einmal die Geschenke behalten, die er bekam, aber bei seinem Erscheinen erzitterte die Menge vor Ehrfurcht und Ergriffenheit – und ich sehe, wie eines Tages der Löwe da drüben von seinem Sockel springt und brüllend über die Terrasse jagt, die Musikkapelle flieht und die beiden Mohren auf dem Uhrturm die Amerikaner von der Piazza hämmern, Zeichen am Himmel sich zeigen und der Doge auf der *Scala dei Giganti* erscheint, auf seinem Haupt das hornförmige *corno*.

Und ich sitze hier noch in der Nacht, allein, wenn die Cafés schon geschlossen haben und das Meer rauscht. Ich sitze auf einem Sockel vor der Basilika, in deren Schutz sich zwischen den Mosaiken und Wasserspeiern abertausend Tauben drängen und schlafen, und ich schaue in den verlassenen Saal.

Der Fußboden ist aus Marmor, die Säule, an die ich mich lehne, aus Porphyr. Die Basilika, mit der ich im Dunkel verschmelze, ist geschlossen; darin verbirgt sich ein goldbraunes Geheimnis, welches ich aus meinen ersten Träumen wiedererkannt habe. Vor mir hat der Campanile mit einem einsamen Schritt von den Prokuratien, die den Saal dunkel und streng umschließen, Abstand genommen. Links, zwischen dem Dogenpalast und der Bibliothek Petrarcas, öffnet der Saal sich zum Meer hinaus, zwei Säulen bilden das Tor: Die eine trägt das Porträt eines Schriftstellers, die andere den geflügelten Löwen von Venedig, seine rechte Pfote auf einem aufgeschlagenen Buch, in dem geschrieben steht:

PAX	VAN
TIBI	GELI
MAR	STA
CE E	MEVS

Zum ersten Mal sehe ich Vollkommenheit. In keinem Buch, keinem Gemälde oder Musikstück habe ich mich jemals so wiedergefunden. Ich sehe den reinsten meiner Gedanken vor mir, in Stein gehauen, der mehr Geist ist als mein Geist, und mehr Geist als die andere Stadt, die keine Stadt mehr ist: Dresden. Hier will ich sterben, auf diesem stillen Tanzboden.

Am Schwarzen Tod vielleicht, der sich von hier aus über ganz Europa ausbreitete, weil die Tataren, unter denen die Pest ausgebrochen war, eine venetianische Kolonie mit Leichen beschossen, von denen eine unbemerkt auf ein Schiff gelangte, das nach Venedig fuhr. Die Tataren... Jetzt, wo ich hier gewesen bin, will ich nicht mehr zu ihnen gehören; ich falle aus ihren Reihen, um hier schwarz zu werden und dahinzusiechen zwischen Maskierten.

Ich denke: Venedig ist die Maske von Dresden. Ich denke über Masken nach, seit ich in Venedig bin, denke ich über Masken nach, und langsam dämmert es mir, daß ich hier etwas gefunden habe, das es aufnehmen kann mit der Misere der Gottwerdung. Die Touristenillumination ist ausgeschaltet, die Nacht schreitet über den Marmor und sieht das gleiche wie vor fünfhundert Jahren. Ich denke: Dieser Platz, ein zusammengeklaubter und schlampig aneinandergezimmerter Trödlerladen, der die Offenbarung der Vollkommenheit ist, besteht aus nicht mehr als zehn Einzelteilen. Der Palast, der Campanile, die Basilika, davor die drei Flaggenmasten... Diese zehn oder fünfzehn Teile können auf unzählige Weisen angeordnet werden – aber nur diese eine Anordnung ist die vollkommene. In Gedanken stelle ich den Campanile auf die andere Seite, tausche die Säulen mit den Flaggenmasten, setze den Palast auf den Platz der Basilika und schiebe die Basilika zum anderen Ende des Platzes hinüber... Was ich auch tue, es wird nur schlechter. Ich denke: Wenn ich nun von diesen Einzelteilen zuerst einmal eine Inventarliste erstelle, und dann – Ja, was dann? Vielleicht lerne ich was dabei.

1. Die Säule mit dem Löwen
[Die Maske ist ein Loch im Nichts.]
2. Die Säule mit dem Evangelisten
[Die Maske ist eine Wohnung.]

3. Die Basilika
[So wie Gott das Sein der Nichtexistenz ist, so ist der Mensch das Sein seiner eigenen Nichtexistenz – aber beim Menschen ist es durch eine Maske verdeckt: Und diese Maske ist seine Existenz. Die Existenz des Menschen ist eine Maske seines Nichts, so wie eine tausendköpfige Menge die Maske einer Menge ist, die sich im Schweigen der Menge offenbart. Schweigt die Existenz des Menschen, dann offenbart sich der Mensch als Nichts. Die Existenz des Menschen ist eine Maske des Nichts, so wie unsere Gesichter Masken des immergleichen Totenkopfes sind. Die Maske ist kein »Schein«, die »das Sein« bedeckt, sondern eine Wirklichkeit, die das Nichts bedeckt.]

4. Die Prokuratien
[Diese Wirklichkeit, diese Existenz, diese Maske des Nichts-das-der-Mensch-ist, entstammt der Existenz der anderen. Die Maske ist die Beziehung zu den anderen; sie bestimmt das Verhältnis der Menschen untereinander; sie ist, was jemand für den anderen ist; die anderen setzen sie ihm auf. Dadurch erst erscheint er als existent. Deshalb erscheint diese Maske, die gleichzeitig das Bewußtsein ist, in Gegenwart des einen Menschen anders als in der eines anderen; darum ist der Mensch niemals »sich selbst gleich«. Es gibt außer diesem kein Selbst. Dort, wo sich Erstarrungen bilden und der Mensch vielen zugleich »der

Richter« zu sein scheint, oder »der Vater« oder »der Sohn« oder »der Schriftsteller«, entsteht die Gesellschaft. Wenn in diesem gesellschaftlichen Stadium ein Sohn seinen Vater nicht länger als Vater sehen will, sondern »als Menschen«, oder ein Vater seinen Sohn nicht länger als Sohn, sondern »als Menschen«, werden sie nichts zu Gesicht bekommen. Erscheint aber der Mensch, in einem dritten Stadium, sich selbst als »der Vater«, d.h. als Vater für sich selbst, oder als Sohn für sich selbst, oder als Schriftsteller für sich selbst, werden Lügen und Unrecht herrschen, und das Verhältnis der Menschen untereinander erstirbt. Das vierte Stadium besteht dann aus der Zerrüttung des Bewußtseins, und das ist dann der Irrsinn. Andererseits kann der Mensch auch nicht behaupten, er sei es nicht, denn er *ist* nur für die anderen. Ohne die anderen ist er nicht. Die Frage »Wer bin ich« ist keine Frage; nur die Frage »Wer bist du?« ist eine Frage, und höchstens noch: »Wer bin ich für dich?« Fragt der Mensch sich selbst als er selbst an sich selbst: »Wer bin ich?« – dann hört er hinter dem letzten Spiralnebel die ewige Stille, die er ist.]

5. und 6. Die beiden Pfeiler von Acra

[Den venetianischen Schiffsjungen halten die Gedanken wach, Gedanken an den Dogen, den er noch nie gesehen hat. Er zieht sich an und geht traurig durch die Nacht. Auf dem verlassenen San-Marco-Platz, neben der Basilika, trifft er auf den Dogen. Er erstarrt zur Säule – nicht weil der Doge unversehens lebendig und zum Greifen nah vor ihm steht, sondern weil all die anderen fehlen, mit denen er in Gemeinschaft den anderen zum Dogen macht: Weil er vor dem Nichts steht. Der Doge, sein Idol – das sind die anderen Venetianer, das ist seine eigene Existenz.]

7. *Der Dogenpalast*
[Was ist der Unterschied zwischen dem Irrsinnigen, der behauptet, er sei der Doge, und dem Dogen selbst? Der Unterschied liegt darin, daß der erste ins Irrenhaus wandert, der zweite in den Dogenpalast. Der Unterschied liegt darin, daß der erste recht hat, der zweite recht bekommt. Der Unterschied liegt darin, daß der erste die Maske für sich selbst trägt, der zweite für die anderen. Der Unterschied liegt darin, daß der erste irrsinnig ist und der zweite Doge. Denn der Doge, das sind alle Venetianer, den Dogen ausgenommen.]

8. *Der Uhrturm*
[Wenn der Mensch für sich selbst zur Maske wird, zum »Dogen«, »Sohn«, »Richter«, »Schriftsteller«, dann erreicht er ein Stadium, in dem nicht mehr zählt, ob er es auch für die anderen ist; dann erstirbt das Verhältnis der Menschen untereinander und das Nichts bricht als Irrsinn der Gesellschaft aus der Maske hervor, und dieses Nichts ist Angst. Dann verwandelt sich der Mensch im Bewußtsein seines Nichts und wird »er selbst«, und dann gibt es nur noch eine einzige Rettung: die anderen, seine Anhänger hinter dem Horizont, für die er »alles« ist (Lou).]

9. *Der Campanile*
[Wenn die Pest ausbräche und auf der ganzen Erde bliebe als einziger nur der Doge – wäre er dann noch länger der Doge? Dann wäre er »er selbst«, dann

wäre er unmaskiert, dann wäre er das Bewußtsein seines Nichts. Dann wäre er nur noch Angst, nur noch Nichts. Der letzte Mensch auf Erden existiert nicht. (So wenig wie der erste.) Die letztmögliche Existenz auf Erden besteht nur für die beiden letzten Menschen. Wenn aber die Pest ausbräche und auf der ganzen Erde bliebe nur der Irrsinnige, der behauptet, er sei der Doge – so würde sich für ihn nichts ändern. Er würde es einfach weiterhin behaupten. Er wäre sich selbst der zweite Mensch. Er wäre immer nur Angst, immer nur Nichts gewesen. Er hätte nie existiert. (Adam war ein Irrsinniger, der behauptete, er sei Adam.)]

10. *Die Bibliothek des Petrarca*
[Wer ist geheimnisvoller: der Doge oder der Irrsinnige, der behauptet, er sei der Doge? Der Doge. »Doge«, »Richter«, »Sohn«, das ist die Kabbala der Wirklichkeit. Eine runder Tisch mit Staatsoberhäuptern ist geheimnisvoller als ein Stammtisch voller Genies. Diese sind nahezu sie selber, also fast Nichts. Erst durch die Maske wird der Mensch Mensch, und hat teil an jenem »absoluten Leben«, welches die Romanfigur ohne ein Bewußtsein seiner selbst lebt, umgeben von der Nacht des Verschwiegenen wie das Kind. Die Welt der Masken ist die beste aller möglichen Welten, denn sie ist die Existenz. Außer durch die Angst gibt es nur noch eine Art, wie das Nichts-das-der-Mensch-ist aus der Maske hervortreten kann, und das ist durch das Erschaffen. Er, der erschafft, ist immer wieder der nichtexistente letzte Mensch auf Erden: Adam, der die Dinge beim Namen nennt und erschafft.

11. Der Verbannungsstein
[Das »Unterbewußtsein« gibt es nicht.]

12. Der erste Flaggenmast
[Die Wirklichkeit ist die Beschreibung des Nichts.]

13. Der zweite Flaggenmast
[Nicht die Demaskierung, sondern die Maskierung.]

14. Der dritte Flaggenmast
[Die Psychologie kennt ein Ende, die Tiefe einer Maske nicht.]

Und damit ist auch dieser Teil meines Leben erledigt und aufgebahrt und kann ruhig sterben. Damit ist auch dieser Teil meines Lebens geschrieben – was etwas anderes ist als beschrieben. Weniger und weniger existierend, mehr und mehr seiend, lege ich meinen Schreibstift nieder. Ich zähle meine Finger: Es sind zehn! Ich beuge mich über das Papier und massiere meine Schenkel – der Gedanke, zu sein, erfüllt mich mit heller Freude. Und unter lautem Lachen, mit einem Pantoffel am Fuß, den anderen auf dem Kopf, mache ich mich auf den Weg in eine dunkle, glänzende Stadt hinter den Bergen, voll von Menschen, Licht, Lärm, Nacht, Bewegung – ja ich komme, ich komme, endlich, ich komme.

1958-60

Ein feuriges, originelle[s]
Plädoyer für Liebe und Leidenscha[ft]

Aus dem Niederländischen
von Marlene Müller-Haas
312 Seiten. Gebunden

Dies ist der Roman von einem Röckchen. Es besteht aus 37 Falten und wirbelt um die wohlgeformten Beine von Rachel Stottermaus. Die verlieb[t] sich mit dreizehn unglücklich i[n] ihren Lehrer Douglas Distelfink[.] Dreißig Jahre später begegnen die beiden sich wieder, und wieder schlägt bei ihr der Blitz ein. Doch auch dieses Mal hat sie kein Glück. Eine Woche nac[h] ihrem Wiedersehen ist Distelfi[nk] tot. Ein solches Ereignis bedar[f] der Aufklärung. In sieben verhörähnlichen Gesprächen steh[t] Rachel Stottermaus Rede und Antwort.

Danksagung

Ich danke Adeline, der Überirdischen, deren scharfsinnige Hinweise mir wie Leuchtsterne den Weg wiesen. Angélique sorgte dafür, dass ich an die richtige Tür anklopfte – danke! Ich danke Dominique, die mir diese Tür geöffnet hat und ohne die mein Fakir und mein Traum, Schriftsteller zu werden, immer noch im hintersten Winkel meines Ikea-Schranks feststecken würden …

Wenn Du die Zeit zurückdrehen könntest, würdest Du alles nochmal genauso machen?

Beinahe wären Alain und seine Band berühmt geworden, doch der Brief mit dem Plattenvertrag kommt drei Jahrzehnte zu spät – und stellt nicht nur Alains Leben auf den Kopf. Er macht sich auf die Suche nach den anderen Bandmitgliedern, und aus vergessenen Lieben, unerfüllten Träumen und verpassten Chancen entsteht unerwartet neues Glück.

Atlantik